DA TEORIA GERAL DO DIREITO AO ATIVISMO JUDICIAL

Entendendo o que é direito, norma jurídica, princípios jurídicos, pós-positivismo e o neoconstitucionalismo

Georges Louis Hage Humbert

DA TEORIA GERAL DO DIREITO AO ATIVISMO JUDICIAL

Entendendo o que é direito, norma jurídica, princípios jurídicos, pós-positivismo e o neoconstitucionalismo

2ª Edição

GZ
EDITORA

RIO DE JANEIRO
2024

2ª edição – 2024

Diagramação: *Olga Martins*

CIP-BRASIL. CATALOGAÇÃO NA PUBLICAÇÃO
SINDICATO NACIONAL DOS EDITORES DE LIVROS, RJ

H899d
2. ed.

Humbert, Georges Louis Hage
Da teoria geral do direito ao ativismo judicial : entendendo o que é direito, norma jurídica, princípios jurídicos, pós-positivismo e o neoconstitucionalismo / Georges Louis Hage Humbert. - 2. ed. - Rio de Janeiro : GZ, 2024.
192 p. ; 23 cm.

Inclui bibliografia e índice
ISBN 978-65-5813-105-2

1. Direito constitucional - Filosofia. 2. Princípios gerais do direito. 3. Devido processo legal - Brasil. 4. Jurisdição - Brasil. 5. Poder judiciário e questões políticas - Brasil. I. Título.

24-89194 CDU: 340.13(81)

Meri Gleice Rodrigues de Souza - Bibliotecária - CRB-7/6439

05/04/2024 09/04/2024

contato@editoragz.com.br
www.editoragz.com.br

Estrada do Capuava, nº 1325 - Box Q - CEP 06715-410
Bairro Barro Branco - Município de Cotia - SP
Tels.: (0XX21) 99585-0737 / 99755-0737

Impresso no Brasil
Printed in Brazil

À Maria Tereza e Gegeo, frutos do nosso amor lindo, sentido da vida

À Mirela, amor de todas as horas.

"A lei estabelecida para dirimir o primeiro conflito foi interpretada de duas maneiras, e gerou novo conflito."

(Carlos Drummond de Andrade)

SUMÁRIO

APRESENTAÇÃO À SEGUNDA EDIÇÃO

A primeira edição deste trabalho, publicada em Salvador, Bahia, pela Editora Dois de Julho e intitulada "Conceito de direito, de norma e de princípios jurídicos" de esgotada tiragem já revelava a finalidade desta obra: (re) discutir conceitos basilares e essências ao conhecimento do direito, apontando algumas teorias explicativas e a posição do autor, inovadora ou aderente a de algum pensamento já produzido por outro pesquisador. Neste percurso, o texto revela que as modernas teorias explicativas, em larga medida, ou repetem, com outros termos, ou apenas refutam por antagonimos e não por método e soluções, o positivismo jurídico. Há mesmo um certo desconhecimento e leitura equivocada, ou até uma suposta cultura de negação ou difamação desta corrente do pensamento jurídico disseminada nos campos de pesquisa da ciência do direito, ao ponto de muitos estudandes não lerem a obra ou apenas acessarem textos críticos a autores como Kelsen e Hart, e Lourival Vilanova, para falar de um autor brasileiro. Daí porque, desde a primeira edição, sempre foi o objetivo deste trabalho, também desmistificar este senso comum que se forma a partir da década de oitenta, aqui e em outros países. Por conseguinte e derivação, nesta edição, ampliada, acabou-se por inserir uma crítica, ou melhor, uma contracrítica ao pensamento dito pós-positivista e neoconstitucionalista, nos quais reside as maiores resistências e "ataques" ao positivimos. Resultado é a alteração do título do trabalho, para adequar a esta nova realidade e a proposta de teorizar, em geral, o direito, citando e perpassando por autores e conceitos de diversas matizes jusfilosóficas, sem, todavia, deixar de preservar, em sua essência, o conteúdo e as bases teóricas da sua primeira edição.

PREFÁCIO

Conheci Georges Louis Hage Humbert em 2008, quando tive a satisfação de ser convidado para integrar sua banca de mestrado, na Pontifícia Universidade Católica de São Paulo, sob a presidência de meu dileto amigo Márcio Cammarosano, tendo ainda, na ocasião, a companhia da professora Daniela Campos Libório Di Sarno. O tema da dissertação então defendida com brilhantismo por Georges Humbert – a justificar a nota máxima por parte da banca – foi o da "Função socioambiental da propriedade urbana".

Novamente tive a alegria de participar do percurso acadêmico de Georges Humbert em seu doutorado, já em 2013, quando compus a respectiva banca, novamente na prestigiosa PUC-SP e sob a mesma presidência do grande jurista que é Márcio Cammarosano, nessa nova ocasião ao lado dos professores Toshio Mukai, Nelson Saule Júnior e Ricardo Marcondes Martins. Seu tema de doutorado foi o do "Conteúdo jurídico das funções sociais da cidade". Mais uma vez, a nota dez coroou o trabalho de pesquisa realizado pelo candidato.

Impressionou-me, desde o primeiro momento, a fluência na expressão das ideias e o domínio do raciocínio jurídico, próprios de Georges Humbert.

Todo o potencial já evidenciado no trabalho de mestrado revelou-se plenamente amadurecido no nível de doutorado.

Mantendo uma desejável coerência na linha de pesquisa em seu percurso na pós-graduação, no campo do direito urbanístico, Georges Humbert, entretanto, nunca se deixou apanhar por uma perigosa tentação dos tempos atuais.

Refiro-me à pressão, implícita ou expressa, difusa na comunidade científica, a valorizar a precisão tecnológica, típica da produção do conhecimento em tempos atuais.

Essa pressão induz, nas academias, mesmo no âmbito das humanidades, uma busca por especialização e aprofundamentos em campos temáticos cada vez mais segmentados, muitas vezes em prejuízo de uma compreensão mais abrangente do contexto em que se insere o assunto tratado.

Com isso quero dizer que Georges Humbert, dominando com solidez e profundidade o direito urbanístico, não perde a perspectiva mais ampla do direito em geral, nem mesmo vê diminuída sua sensibilidade para compreender o direito como um fenômeno humano.

Pois justamente de seu importante estudo sobre as funções sociais da cidade, as quais logrou examinar sob o ângulo de seu conteúdo jurídico, é que resultaram as reflexões ora trazidas a público no livro *Conceitos de direito, de norma jurídica e de princípios jurídicos*, que muito me honra prefaciar.

Se, por um lado, é imprescindível que se dominem tais conceitos para uma correta abordagem do conteúdo jurídico das funções sociais da cidade, por outro, o modo abrangente pelo qual Georges Humbert trata do tema permitiu que os leitores fossem contemplados com uma obra independente, abordando em muito conveniente medida esses conceitos fundamentais para uma introdução ao direito em geral.

Ao transitar pelos clássicos conceitos em questão, Georges Humbert, além da já ressaltada clareza de expressão, revela sua virtude de professor ao, justificada e coerentemente, filiar-se a certa linha de pensamento, mas, ao mesmo tempo, trazer para o conhecimento e a crítica de seus leitores, com honestidade acadêmica, argumentos ou visões em sentido diverso.

Georges Humbert, assim agindo, demonstra sólido domínio do pensamento clássico, em termos da relevante teoria do direito produzida ao longo do século XX – seus argumentos são particularmente alicerçados em Kelsen – e, no entanto, transita fluentemente pelo pensamento mais atual.

Neste livro, Georges Humbert parte da noção mais ampla de direito, enquanto fenômeno humano; percorre a vertente que representa a mais importante conquista da teoria do direito no século XX: a teoria da norma jurídica; e conclui com o mais profícuo desdobramento atual da teoria da norma, que corresponde à teoria dos princípios jurídicos.

Nesse percurso, Georges Humbert dialoga com importantes autores estrangeiros e nacionais. Extrai de Kelsen, Reale, Hart, Sampaio Ferraz, Bobbio, Vilanova, Larenz, Bandeira de Mello, Guastini, Afonso da Silva, Esser, Ávila, Alexy, Barros Carvalho, Dworkin, entre outros importantes autores – que, com inevitável injustiça deixo aqui de mencionar, mas que estão devidamente mencionados na bibliografia deste livro –, elementos fundamentais para fornecer ao leitor uma valiosa introdução ao estudo desses conceitos fundamentais.

Uma introdução que estimulará o leitor a aprofundar a reflexão sobre um fenômeno em permanente evolução, inerente à própria evolução da sociedade humana.

Fernando Menezes de Almeida
Professor titular
Universidade de São Paulo

Parte I

PREMISSAS PARA A COMPREENSÃO DO FENÔMENO JURÍDICO

As questões relacionadas ao estudo do direito, das normas jurídicas, das leis, são deveras complexas. Estas inflexões decorrem, de logo, da própria ambiguidade dos termos em referência, sua polissemia, indo para além da própria compreensão do que é o direito, a norma e a lei. Alexy[1] adverte que "as distintas concepções a respeito do que é direito não levam necessariamente a resultados distintos, mas podem levar".

Não se desconhece que a dificuldade é ainda maior quando os temas são explanados de modo diverso, conforme a ideologia assumida por cada um dos estudiosos, os cientistas, e os intérpretes, aplicadores, enfim, dos denominados operadores do direito.

Daí porque é comum, no âmbito doutrinário, certo ceticismo ou mesmo abdicação do tema proposto, justificado pela suposta impossibilidade, ou ao menos impropriedade, da designação, do ponto de vista jurídico, do conceito pronto e acabado do que é direito, face mesmo à sua polissemia. Isto não significa que não se possa alvitrar uma definição que tente apontar a sua essência notadamente a partir das noções de normatividade, institucionalidade e coercibilidade próprias do direito[2], ultima-

---

1 ALEXY, Robert. Conceito e validade do direito. São Paulo: Editora WMF Martins Fontes, 2009, p. 12.

2 Por todos, RAZ, Joseph. O conceito de sistema jurídico: uma introdução à teoria dos sistemas jurídicos. São Paulo: Editora WMF Martins Fontes, 2012, p. 4.

das para a consecução de uma suposta estabilidade, segurança jurídica e pacificação social.

Noutro ângulo, não é demasiado consignar que, na acepção de Alexy[3], existem três elementos integrantes do conceito de direito, a saber, a eficácia social, a correção material e a legalidade conforme o ordenamento, aos quais correspondem, respectivamente, três conceitos de validade, quais sejam, o sociológico, o ético e o jurídico.

Por isso, sob o que denomina perspectiva do participante, define o direito como sendo "um sistema normativo que (1) formula uma pretensão à correção, (2) consiste na totalidade das normas que integram uma constituição socialmente eficaz em termos globais e que não são extremamente injustas, bem como na totalidade das normas estabelecidas em conformidade com essa constituição e que apresentam um mínimo de eficácia social ou de possibilidade de eficácia e não são extremamente injustas, e (3) ao qual pertencem os princípios e outros argumentos normativos, nos quais se apoia e/ou deve se apoiar o procedimento de aplicação do direito para satisfazer a pretensão à correção."[4]

Conforme se verificará nas próximas linhas, esta complexidade e miscigenação atribuída ao conceito de direito não é a utilizada por este trabalho.

Neste sentido, calha a advertência de Calmon de Passos, segundo a qual se é do Direito que se vai cuidar a análise de determinado tema, mister se faz uma resposta prévia do que

3 ALEXY, Robert. Conceito e validade do direito. São Paulo: Editora WMF Martins Fontes, 2009, p. 101, ss.

4 Op. cit. p. 151

se entende por direito[5]. Em outros termos e ainda com base no citado jurista, não é possível lidar com um objeto a respeito de cuja a natureza não se sabe, sem correr o risco de não se chegar a resultado nenhum, tal qual "um navegador sem instrumentos básicos como a bússola e leme".[6]

Pretende-se, desta forma, apresentar um dos possíveis e não exclusivos conceitos para direito, norma jurídica e princípio jurídico, fazendo de modo disciplinado, mediante um conhecimento que se quer científico, a partir da delimitação e utilização de pressupostos de conhecimento devidamente indicados e destrinchados, precisão do objeto dos institutos em apreciação, preconizados, se não por um trabalho pronto e acabado, mas pela constatação basilar de que "quando não está em nosso poder discernir as mais verdadeiras opiniões, devemos seguir as mais prováveis; e, ainda que não observemos mais probabilidade numas do que nas outras, devemos mesmo assim nos decidir por algumas, e considerá-las a seguir não mais como duvidosas, na medida em que se relacionam à prática, mas como muito verdadeiras e muito certas, porque a razão que nos fez decidir por elas se apresenta como tal."[7]

Compreende-se, pelo exposto, que a presente obra, procurando descrever o direito, a norma jurídica ou de direito e os princípios jurídicos ou de direito visa, por principal ofício, "descobrir a falsidade ou a incerteza das proposições que examina, não por frágeis conjecturas mas por raciocínios – que se

5 PASSOS, José Joaquim Calmon de. Revistando o direito, o poder, a justiça e o processo – reflexões de um jurista que trafega na contramão. Salvador: Juspodivm, 2012, p. 37.

6 Idem.

7 DESCARTES, René. Discurso do método. Porto Alegre: L&PM, 2010, p. 61-62.

espera – claros e seguros"[8], permitindo-se – e esperando -, ela mesmo, ser falseada, revelada incerta, pelo que cultiva a razão e pretende avançar no conhecimento duma verdade científica, segundo método por ela externado. Ainda com Descartes e parafraseando-o, aos interlocutores desta tese é preciso ter em mente que a mesma "extremamente sujeito(a) a falhar" e que a todos, inclusive ao próprio autor, é dado que, como qualquer outro trabalho científico, "quase nunca confie(-se) nos primeiros pensamentos que (dela) vem".[9]

Porém, ao contrário deste filósofo clássico, tem-se que se espera obter proveitos, aperfeiçoamento a partir das possíveis, em rigor, inexoráveis e desejadas objeções, por força mesmo do avanço do conhecimento científico..

8 Idem, p. 65.

9 Idem, p. 63 e 108.

Parte II

DIREITO

2.1. O direito enquanto fenômeno humano: ordem de conduta humana

É recorrente – insofismável mesmo[1] – a assertiva de que o homem é um ser social. Isto porque sobrevive em comunidades socialmente organizadas, sendo notória a excepcionalidade da existência humana em estado de absoluto isolamento. Neste sentido, CALMON DE PASSOS exorta que "a nossa exigência de emancipação – viver em plenitude a liberdade que se é – somente se viabiliza quanto eu a compartilho com muitos outros humanos como eu, e que nem eu nem eles podemos realizar nosso propósito emancipatório sem conflitarmos uns com os outros, porque nossas liberdades não percorrem caminhos paralelos, sim roteiros que se interpenetram e se cruzam (...). " E conclui: "como se não bastasse essa perplexidade, tenho também a convicção de que necessito do outro inelutavelmente. Sem ele, minha própria condição humana é irrealizável e também impossível a minha sobrevivência. "

Para a ordenação da vida em sociedade, cada componente do agregado humano deve ceder parcela mínima de seus interesses individuais, justamente para potencializá-los, na exata medida em que promovidos ao coletivo pelo estado de bem-

1 Op. Cit. p. 33-34.

-estar social - entre eles a segurança, higiene, lazer, circulação, saúde, educação, previdência, informação, entre outros[2].

2 Trata-se do denominado interesse público e do direito coletivo, que nada mais é do que o "interesse resultante do conjunto de interesses que os indivíduos pessoalmente têm quando considerados em sua qualidade de membros da Sociedade e pelo simples fato de o serem". BANDEIRA DE MELLO. *Curso de direito administrativo*, p. 51. Este interesse, de utilidade pública, de e para todos, não está em contraposição ao direito individual. É o interesse individual qualificado, uma faceta deste, pois que representa a soma, equilibrada conjunção a permitir a harmônica convivência humana social. A relevância de sua exata compreensão (da noção de interesse público) ultrapassa os embates acadêmicos, posto que o nosso ordenamento lhe confere juridicidade. Trata-se, desta forma, de norma jurídica situada na nossa Constituição e em diversas normas infraconstitucionais, irradiando-se por todo o sistema. Não se encontra, pois, no plano do ser, mas no plano prescritivo. Deve ser respeitada, sob pena de, em não sendo, ensejar aplicação da sanção correspondente. Está predisposto na nossa Constituição de forma clara, direta e inafastável. Confira-se, por todos, alguns artigos, com a identificação da matéria grifada: Art. 37. A administração pública direta e indireta de qualquer dos Poderes da União, dos Estados, do Distrito Federal e dos Municípios obedecerá aos princípios de legalidade, impessoalidade, moralidade, publicidade e eficiência e, também, ao seguinte: (...) IX - a lei estabelecerá os casos de contratação por tempo determinado para atender a necessidade temporária de excepcional *interesse público*; (...) Art. 57. O Congresso Nacional reunir-se-á, anualmente, na Capital Federal, de 2 de fevereiro a 17 de julho e de 1º de agosto a 22 de dezembro. (...) §6º A convocação extraordinária do Congresso Nacional far-se-á: (...) II - pelo Presidente da República, pelos Presidentes da Câmara dos Deputados e do Senado Federal ou a requerimento da maioria dos membros de ambas as Casas, em caso de urgência ou *interesse público* relevante, em todas as hipóteses deste inciso com a aprovação da maioria absoluta de cada uma das Casas do Congresso Nacional; (...) Art. 66. A Casa na qual tenha sido concluída a votação enviará o projeto de lei ao Presidente da República, que, aquiescendo, o sancionará. §1º Se o Presidente da República considerar o projeto, no todo ou em parte, inconstitucional ou contrário ao *interesse público*, vetá-lo-á total ou parcialmente, no prazo de quinze dias úteis, contados da data do recebimento, e comunicará, dentro de quarenta e oito horas, ao Presidente do Senado Federal os motivos do veto. Outrossim, interesse público transluz positivado em outras passagens do texto constitucional, quais sejam, arts. 5º, XIV, XXIX, LX; Art. 12, §4º, I, 231, §6º. Posto isso, não há que se falar em Estado, enfim, em vida em sociedade desatrelado da

Não se pode negar que destas relações surgem conflitos, tensionamentos, divergências, as quais precisam de soluções e estabilização. É inexorável, tal qual a certeza que o homem é um ser social, que esta ordem social requer coerção para o seu regular funcionamento.

Vale dizer, não é qualquer coerção. É sujeita a padrões pré-estabelecidos, que não decorra exclusiva ou constantemente do uso da força, suscetível e que assegure a convivência harmônica, quando todas as outras instituições inatas ou criadas pelos homens venham a falhar na pacificação social, por ser imposta, indistintamente a todos, justamente por ser institucionalizada pela ordem jurídica, enquanto plexo normativo próprio ordenação de conduta humana, porque prescritivo e coercitivo.[3]

Indo além, nesta questão, CALMON DE PASSOS deduz que à institucionalização da ordem coercitiva imposta consubstanciada pelo direito, haverá sempre o componente do poder político – do qual não se pode dissociar o econômico, seja qual for a teoria para a fundamentação deste poder – de matriz jusnatural, racional ou transcendental.[4]

---

noção de interesse público que, sendo assim, a um só tempo é um dado da realidade que conforma e é conformado pelo Direito.

3 CALMON DE PASSOS, J. J. Revistando o direito, o poder, a justiça e o processo – reflexões de um jurista que trafega na contramão. Salvador: Juspodivm, 2012, p. 42.

4 CALMON DE PASSOS, J. J. Revistando o direito, o poder, a justiça e o processo – reflexões de um jurista que trafega na contramão. Salvador: Juspodivm, 2012, p. 44-47.

Doutrina Larenz[5]

> O Direito apresenta (...) uma relação estreita com a existência social do homem; é, de acordo com a opinião geral, um conjunto de regras, em conformidade às quais o homem ordena entre si a conduta, a qual pode ser avaliada de acordo com essas regras. É condição de todas as formas mais desenvolvidas de sociabilidade, na medida em que possibilita a prevenção de conflitos ou o seu arbitramento pacífico. Estes objetivos são conseguidos sobretudo pela instituição de vias jurisdicionais e pelas possibilidades de execução.

Kelsen afirma que "... quando confrontamos uns com os outros os objetos que, em diferentes povos e diferentes épocas, são designados como 'Direito', resulta logo que todos eles se apresentam como ordens de conduta humana".[6]

Extrai-se de Lourival Vilanova que

> O Direito é uma técnica de esquematizar classes de condutas para poder dominar racionalmente a realidade social. Generaliza em esquemas abstratos a vida em sua concreção existencial, para ofertar a possibilidade de previsão de condutas típicas, indispensável à coexistência social.[7]

5 LARENZ, Karl. Metodologia da Ciência do Direito. Lisboa: Fundação Calouste Gulbekian, 1997, p. 261.

6 KELSEN. Teoria pura do direito. São Paulo: Martins Fontes, 2006, p. 33.

7 VILANOVA. As estruturas lógicas e o sistema de direito positivo, p. 252.

Neste contexto, necessário se faz um poder superior, não individual e que assegure a isonomia e generalidade de tratamento aos integrantes de dada sociedade. Com efeito, "Só os homens precisam do direito. Os outros animais dispensam-no para que possam viver e conviver para sobreviver, mesmo os que têm organizações complexas, como as abelhas e as formigas. O que devem ou não fazer é para elas algo não problemático, visto como o instinto os orienta de modo suficiente e inelutável. Nascem geneticamente sabendo o que é proibido, o que é devido e ignoram, por desnecessário, o que é facultado".[8]

Emerge, assim, a figura do Estado, que passa a ser um fato juridicamente relevante, sujeitando-se ele próprio à disciplina legal, pois detentor de um poder próprio, responsável, consentaneamente, pela elaboração, por intermédio do Estado-legislador, fiel execução, pela via do Estado-executor, e por exteriorizar qual o direito aplicável em determinado caso concreto, mediante decisão final imutável expedida pela via do Estado-juiz[9].

Seu fim último é o bem-estar coletivo e a estabilidade, segurança das relações sociais. Destarte, "o Estado-poder cria e faz cumprir as regras regendo as relações das pessoas dentro do Estado-sociedade (...). Quem não as cumpre es-

---

8 CALMON DE PASSOS, J. J. Revistando o direito, o poder, a justiça e o processo – reflexões de um jurista que trafega na contramão. Salvador: Juspodivm, 2012, p. 37.

9 Com efeito, a coisa julgada é garantia fundamental, inserta no art. 5º, XXXVI da Constituição, como base do Estado Democrático de Direito que se norteia pela segurança jurídica. Segundo o nosso ordenamento, denomina-se coisa julgada material a eficácia que torna imutável e indiscutível a sentença, não mais sujeita a recurso. (CPC, art. 467).

pontaneamente, sujeita-se ao uso da força, pelo Estado-poder, para obtenção da obediência".[10]

Outra não é a clássica lição extraída dos escritos filosóficos de Aristóteles: "A observação nos mostra que cada estado é uma comunidade estabelecida com alguma boa finalidade, uma vez que todos sempre agem de modo a obter o que acham bom. Mas se todas as comunidades almejam o bem, o Estado ou comunidade política, que é a forma mais elevada de comunidade e engloba tudo mais, objetiva o bem nas maiores proporções e excelências possíveis".[11]

Nesta construção, o direito é um fenômeno humano, não natural ou da natureza. Uma criação do homem, tal qual a propriedade, a família, a política, a moral, a ética, e tudo mais que deriva da intervenção humana e, por essa razão, imbricado, verdadeira e necessariamente relacionado, pela origem, pelo gênero a que pertence, a tudo que advém do intento humano.

Além de pertencer ao gênero fenômeno humano, integra a classe dos fenômenos humanos normativos, de ordenação, de império ou comando. E por isso, tal como a religião, a moral, os costumes hierárquicos patronais políticos e familiares, por exemplo, é fenômeno social dotado, em sua essência, do estabelecimento de padrões de comportamentos dirigidos aos integrantes da comunidade, sob pena de incidir uma sanção, uma pena, para aquele que não seguir os comandos, os comportamentos determinados.

Daí ser possível concluir que o direito é fenômeno humano de imposição de comportamento. Noutras palavras, é ordem de conduta humana e aqui, necessariamente, se asse-

10 SUNDFELD. Fundamentos de direito público, p. 22.

11 ARISTÓTELES. Política, p. 143.

melha, se relaciona, comunga com outros fenômenos humanos que ordenam comportamento e decidem, ou ao menos orienta, como deve agir aquele que se insere num determinado contexto comunitário.

2.2. O direito enquanto ordem prescritiva de conduta humana

Está assente que: 1 – direito é fenômeno humano; 2 – fenômeno humano daqueles de ordenação de normatização de comportamentos do homem.

Contudo, o direito, apesar de se identificar com os mais diversos fenômenos igualmente humanos e, especialmente, os prescritivos, tem uma nota distintiva: como ordem coativa da conduta humana, o conjunto de normas jurídicas prescreve determinados comportamentos porque os considera valiosos para a comunidade, mesmo contra a vontade do agente.[12]

Para alguns estudiosos que se debruçam sobre o tema, a partir desta isolada assertiva, haveria nesta obra e no pensar jurídico positivista, uma necessária confusão entre o Direito e a norma, prejudicial à sua formação, compreensão e aplicação. Entretanto, como divagaremos nas próximas linhas, a escorreita análise da matéria requer a adequada contextualização das reflexões propostas pela Teoria Pura do Direito e a fixação de premissas, que podem ser resumidas a partir do seguinte dado essencial: multissignificação do termo direito e a sua utilidade como fato social, como representação de uma ciência e como objeto de tantas outras, sendo certo, em todas estas, a nota comum é a relevância do elemento norma jurídica.

12 KELSEN. Teoria pura do direito, p. 35.

Para tanto, se vale das normas jurídicas,[13] que são regras prescritivas de conduta, as quais impõem a todos um dever--ser, é dizer, um imperativo a ser atendido sob pena de, em não sendo cumprido, sujeitar o infrator à sanção correspondente. Portanto, trata-se de ordem de conduta humana qualificada pelo elemento prescritivo, conquanto o peculiar elemento coativo--sancionadora[14] são da essência de suas normas de ordenação, distinguindo-se, neste particular, das demais ordens sociais.

O Direito[15], ao tornar juridicamente relevantes determinados fatos e/ou condutas humanas, prescreve-os como sendo obrigatórios, proibidos ou permitidos, enfim, como dever-ser cujo não comprimento acarreta a consequência prevista pelas suas próprias normas de conduta, das quais germinam, respectivamente, a sua imposição e a sujeição cogentes à autoridade competente e ao delinquente[16].

Com efeito, entre as mais diversas correntes de pensamento, não há compreensão do direito que se dissocie da ideia de sua concepção enquanto "a ordenação heterônoma, coercível e bilateral atributiva das relações de convivência, segundo uma integração normativa de fatos segundo valores."[17]

---

13 Repisa-se, com Kelsen, que "as normas de uma ordem jurídica regulam a conduta humana. " KELSEN. Teoria pura do direito, p. 33.

14 Nas palavras de Hans Kelsen: "Dizer que o Direito é uma ordem coativa significa que as suas normas estatuem atos de coações atribuíveis à comunidade jurídica". KELSEN. Teoria pura do direito, p. 36.

15 Grafar-se-á a palavra "Direito" com inicial maiúscula, quando no sentido de ordenamento jurídico. Ao longo desde capítulo se aprofundará a questão dos possíveis significados do termo direito.

16 Expressão aqui utilizada no seu sentido amplo, de infrator da ordem jurídica em vigor – e não no sentido meramente criminológico.

17 REALE, Miguel. Lições preliminares de direito, p.67..

Enfim, ser ordem prescritiva de conduta humana é a nota diferenciadora do Direito doutros fatos e fenômenos humanos, em particular, doutras ordens sociais e dessa constatação o pesquisador e o operador do direito não podem olvidar, pena de um exercício equívoco de suas atividades, seja a de descrição, seja a de interpretação ou seja a de aplicação das regras e princípios postos por uma ordem jurídica.

Além da inequívoca acepção positivista do direito como ordem prescritiva de conduta humana, engendrada pelo elemento coação, esta se verifica também na tridimensonalista, consoante se extrai a presente citação e ainda de abordagens sociológicas e axiológicas, entre outras. A despeito de afirmar ser a própria sociedade - portanto um elemento externo ao denominado sistema jurídico – determinante para a formação e condicionamento do direito, Ehrlich não desconhece o seu caráter coativo, ao assevera que "O direito é ordenador e o suporte de qualquer associação humana e, em todos os lugares, encontramos comunidades porque organizadas".[18] Mesmo no jusnaturalismo essa máxima se encontra presente, na exata medida em que, consoantes e vê em São Tomás de Aquino, se reconhece no direito natural o fundamento das regras de condutas postas para disciplinar a vida em sociedade. [19]

Não por outra razão já se definiu o Direito como

> sistema de disciplina social fundado na natureza humana que, estabelecendo nas relações entre os homens uma proporção de reciprocidade nos poderes

18 EHRLICH, Eugen. Fundamentos da sociologia do direito. Brasília: Editora Universidade de Brasília, 1986, p. 24-25

19 Aquino, São Tomás. Summa theologica, I, a II. ae, q. 90

> e deveres que lhe atribui, regula as condições existenciais dos indivíduos e dos grupos sociais e, em conseqüência, da sociedade, mediante normas coercitivamente impostas pelo Poder Público.[20]

Pois, pode asseverar que o direito é ordem de conduta humana qualificada pelo elemento prescritivo, conquanto o peculiar elemento coativo-sancionadora, isto é, são, de modo próprio, peculiar, exclusivo, da essência de suas normas de ordenação, distinguindo-se, neste particular, das demais ordens sociais e de outras normas de conduta, como a ética, a moral, a religiosa, a familiar. Ao contrário da ordem jurídica, estas últimas não são prescritivas porque não podem ser impostas contra a vontade do sujeito que a estas se insurge, nem mediante o uso da força, muito menos com a privação forçada da liberdade ou do patrimônio.

Ou seja, nas palavras de Hans Kelsen: "Dizer que o Direito é uma ordem coativa significa que as suas normas estatuem atos de coações atribuíveis à comunidade jurídica". [21] Para tanto, se vale de normas próprias, com peculiaridades. Trata-se das normas jurídicas, as normas de uma ordem jurídica regulam a conduta humana[22], que serão objeto do próximo capítulo deste livro.

2.3. O direito como ciência

O direito se revela fenômeno social, como dito. Como tudo que é do homem, é um dado, uma instituição complexa, na sua

20 RAO, Vicente. Direito e a Vida dos Direitos. São Paulo: RT, 1991, p. 31.

21 KELSEN. Teoria pura do direito, p. 36.

22 Repisa-se, com Kelsen, que "KELSEN. Teoria pura do direito, p. 33.

formação, no seu processo de transformação, de execução e mesmo de conhecimento pelas mais variadas ciências. E isso leva a dificuldade da própria conceituação do direito e o seu adequado estudo.

Conjectura Larenz que[23]

> Cada ciência lança mão de determinados métodos, modos de proceder, no sentido de obtenção de respostas a ela suscitadas. Quais os métodos a que recorre a ciência do Direito? Por ciência do direito entende-se (...) aquela ciência que se confronta com a solução de questões jurídicas no contexto e com base em um ordenamento jurídico determinado, historicamente constituído, ou seja, tradicionalmente denominada Jurisprudência. Ao Direito reportam-se também outras ciências, como a história do Direito e a sociologia do Direito. Compreende-se que a história do Direito recorra aos métodos da História e que a sociologia do Direito aos métodos sociológicos. Mas, o que é que ocorre relativamente à ciência do direito em sentido estrito, ou seja, à Jurisprudência?

Ainda segundo o autor[24],

> Do direito se ocupa hoje uma série de disciplinas diferentes: a filosofia do Direito, a teoria do Direito, a sociologia do Direito, a história do Direito e a

23 LARENZ, Karl. Metodologia da Ciência do Direito. Lisboa: Fundação Calouste Gulbekian, 1997, p. 1.

24 Idem, p. 261.

> Jurisprudência (dogmática jurídica), para se referir as mais importantes. Todas elas contemplam o direito sob um diferente aspecto, e assim, de modo distinto. Tal não seria possível se o Direito não fosse na realidade um fenômeno complexo, que se manifesta em distintos planos do ser, em diferentes contextos.

Desta forma, imperiosa se faz a distinção, quando menos o pré-estabelecimento, da noção de direito enquanto fenômeno social, como ciência e como objeto científico.

Na primeira, se situa na condição de verdadeiro dado da realidade, elemento da complexa vida humana, que interfere em diversos outros fenômenos de igual natureza e com os quais se relaciona, sendo objeto de diversas searas do conhecimento. Na segunda conotação, sua essência perpassa pelo comungar de um verdadeiro plexo de métodos, técnicas, estruturas, elementos e um objeto próprio de conhecimento, com consequências para o seu estudo e sua materialização. Por fim, na terceira acepção não se pode olvidar que, seja qual for o objeto eleito como objeto da Ciência do Direito, o mesmo precisa ser de tal modo peculiar que se diferencie dos demais objetos já estudados por outras ciências, justificando a própria cientificidade do direito.

Vale ressaltar que diversos pesquisadores já refutaram o caráter cientifico do direito, notadamente aquele concebido a partir do positivismo. Neste sentido é a publicação da conferência proferida por Julio Kirschmann em 1847, um marco na história da ciência do direito pelo fato de colocar em dúvida o caráter científico do direito a partir da utilização do conceito aristotélico de ciência (só haveria ciência de caráter universal e geral e não do particular). Na linha deste pensador, como o direito trata de causas ligadas aos particulares, não poderia ser uma ciência. Ademais, não se poderia cogitar da existência de uma ciência do direito em razão de ele ter um objeto extremamente mutável, que não se submete à cognição humana. Foi de Kirschmann a célebre afirmação de que "La ciencia, al hacer del azar su objecto se convierte ella misma en azar: três palabras rectificadoras del legislador y bibliotecas enteras se convierten em papeles unúteles." [25]

Nestes termos, utiliza-se a expressão direito para significar o fenômeno social de ordenação de conduta humana, tanto para rotular um dos possíveis ramos das ciências sociais e, ademais, para se referir ao objeto desta ciência ou à essência deste fenômeno, hipótese em que surgem as mais variadas intelecções, perpassando, na espécie, vezes pela noção de norma jurídica em sua matiz puramente normativa, vezes pela acepção de valores – justiça, moral, ética, vezes como mera expressão dos fatores reais de poder, sejam eles de ordem econômica, social, cultural, da força ou mesmo dos poderes institucionalizados – notadamente o Judiciário, a quem compete dar a última palavra, ou melhor, a última interpretação, em matéria de solução de conflitos na aplicação das normas.

Também na melhor ciência sociológica há a preocupação de evitar o sincretismo metodológico. Segundo Javier Torres Nafarrate, "para Luhmann, a sociologia não pode aceitar que outras ciências fundamentem seu próprio método. " E finaliza: "A garantia e sustentação do método devem se situar no âmbito de incumbência da disciplina sociológica, de tal modo que ela possa dar conta de seus pressupostos principais; ou, no caso de

---

25 KIRCHMANN, Julio Germán von. El carácter a-cientifico de la llamada ciencia del derecho. In: *La Ciencia del derecho*, Savigny, Kirchmann, Zitelmann, Kantorowicz, Buenos Aires, Losada, 1949.

não alcançar tal pretensão, estar ao menos consciente de por que isso não foi possível. "[26]

É justamente o desconhecimento e, por vezes, o sincretismo – desavisado ou intencional - deste emaranhado de noções e respectivos componentes, que dão azo a imprecisões nos atos de pesquisar e operar a norma jurídica, cuja consequência salutar é a instabilidade na ordenação da conduta humana, justamente um dos principais embaraços da vida em comunidade que o direito visa contornar, atribuindo soluções estáveis às conflituosas relações, consubstanciado por prescrições normativas que delimitam a segurança jurídica[27].

Evitando este tortuoso caminho e para ser útil como transmissão de conhecimento científico apreensível e refutável, a presente tese se ocupa, ao enceto, de, a partir do complexo fenômeno jurídico em sua diversidade, explicitar e fundamentar

---

26 Luhmann, Niklas. Introdução à Teoria dos Sistemas. Rio de Janeiro: Vozes, 2009, p. 14.

27 A segurança jurídica é de tal modo proeminente no ordenamento jurídico brasileiro que a Constituição Federal a elevou à categoria de direito fundamental, nos termos do comando contido expressamente na cabeça do art. 5°. E como forma de assegurar referido direito, diversos incisos do citado diploma normativo contemplam suas formas de garantias materiais e formais, a exemplo do direito adquirido, ato jurídico perfeito e coisa julgada, do juiz natural, do devido processo legal, contraditório e ampla defesa, da legalidade e diversas vias processuais, comumente denominadas como remédios constitucionais, dos quais o Mandado de Segurança é um exemplo. Cite-se, ademais, institutos jurídicos como a prescrição, a decadência, além da recentemente disciplinada da súmula vinculante. Leciona Canotilho, "o homem necessita de segurança para conduzir, planificar e conformar autônoma e responsavelmente a sua vida. Por isso, desde cedo se consideram os princípios da segurança jurídica e da proteção da confiança como elementos constitutivos do Estado de Direito" CANOTILHO, J. J. Gomes. Direito constitucional e teoria da constituição. Coimbra, Portugal: Almedina, 1997. p. 257.

o seu caráter científico, o qual encerra-se a partir da definição do seu objeto e método que lhes são inerentes.

Desta forma, relevante fixar, *a priori*, que o conhecimento, sob o fastígio do objeto, transluz-se à transferência das propriedades do objeto para o sujeito. Não obstante, a função do sujeito está em apreender o objeto e, a deste, ser apreendido por aquele[28].]

Não se pode desconsiderar a análise de Luhmann sobre a relação sujeito-objeto. Segundo este sociólogo, "ao se observar os sistemas físicos, químicos, orgânicos, psíquicos e sociais, o observador já está previamente condicionado por eles. Ele próprio faz parte do mundo que observa; (...) não existe, portanto, uma diferença constitutiva (a partir da referência geral do sistema) entre sujeito e objeto, já que os dois participam de uma base comum operativa já determinada. " E conclui que "a observação e o observador devem ser considerados previamente como sistemas, uma vez que a observação não é um ato único e isolado, mas sempre se dá em um conjunto de conhecimentos, em uma espécie de memória, em uma limitação de perspectivas, com restrição de ligação em relação a outras operações de observação. " Todavia, a Teoria dos Sistemas evolui, para conceber que "novos preceitos (...) deixam de lado a distinção sujeito/objeto, substituindo-a pela diferenciação entre operação e observação: operação que um sistema de fato realiza, e observação que pode ser efetuada pelo próprio sistema, ou por outro. " E segue: "Daí a proeminência da autopoiesis, na acepção de Maturana, associada à noção radical de autonomia, querendo significar que somente a partir da operação do próprio

28 HESSEN, Johannes. Teoria do Conhecimento. Coimbra: Armenio Amado Editor, 1980, p. 26-27.

sistema social – na espécie o direito – é possível determinar o que lhe é relevante e, principalmente, o que lhe é indiferente". [29]

Isto se aplica ao conhecimento jurídico e, por isso mesmo, os delineamentos prévios em torno das noções de método, objeto, observador, sistema, respectiva operacionalidade e estruturação, se fazem imprescindíveis à ciência do direito, a despeito de constantemente olvidadas, conforme desenvolvido ao longo das próximas linhas, sendo certo que o tema do sistema e sua relação com o direito será objeto de subtópico específico ainda neste capítulo inaugural do presente trabalho

Outrossim, insta historiar que a expressão "Ciência do Direito" não se origina hodiernamente, nem mesmo de força aleatória. Pertinente registrar, com Maria Helena Diniz, que a ciência jurídica durante muito tempo teve a denominação de Jurisprudência, que lhe foi emprestada pelos romanos, para cujos jurisconsultos tratava-se do "conhecimento das coisas divinas e humanas, a ciência do justo e do injusto". [30]

Há, ainda, quem atribua a esse saber científico a denominação de Ciência Dogmática do Direito, a fim de identificar que referida seara parte de pressupostos dogmáticos para a sua atividade, a saber, as fontes formais do direito, tais como Código, leis, regulamentos, precedentes judiciais, tratados etc.[31]

---

29 LUHMANN, Niklas. Introdução à Teoria dos Sistemas. Rio de Janeiro: Vozes, 2009, 75-77 e 115-127.

30 DINIZ, Maria Helena. Compêndio de Introdução à Ciência do Direito. São Paulo: Saraiva, 2005, p. 198..

31 Por todos, confira-se GUSMÃO. Paulo Dourado. Filosofia do Direito. Rio de Janeiro: Forense, 1985, p. 20

Segundo relata Tércio Sampaio Ferraz Júnior[32], enquadra-se a partir das investigações jurídicas da denominada Escola Histórica do Direito, sediada no século XIX, intencionando empregar caráter científico as suas pesquisas. Após pertinente esclarecimento o referido autor também sustenta a cientificidade do direito. Salienta, em monografia sobre o tema, que se está diante de ciência peculiar, com faceta dúplice, porque interpretativa e, simultaneamente, normativa.[33]

Para Miguel Reale[34], a "Ciência do Direito é sempre ciência de um Direito *positivo*, isto é, positivado no espaço e no tempo, como experiência efetiva, passada ou atual. Assim é que o Direito dos gregos antigos pode ser objeto de *ciência*, tanto como o da Grécia de nossos dias".

Com acerto, Maria Helena Diniz[35] releva o caráter científico do direito, classificando-o em *ciência normativa*. Inobstante, alerta para as três acepções dessa expressão, a saber: " a) ciência que estabelece normas (Wundt); b) ciência que estuda normas (Kelsen)"; c) ciência que conhece a conduta através de normas (Cossio)".

Neste sentido, o positivismo jurídico não se constitui em teoria que se presta à redução do direito - enquanto dado da realidade – à mera condição ou sinônimo de norma e nem mesmo que a atividade do cientista do direito ou do seu operador – ou aplicador – é adstrita a uma mera subsunção entre fatos e normas postas.

32 FERRAZ JÚNIOR, Tércio Sampaio. A ciência do direito. São Paulo: Atlas, 1980, p. 18.

33 Idem. p. 15-16.

34 REALE, Miguel. Lições Preliminares de Direito, p. 17.

35 DINIZ, Maria Helena. A Ciência Jurídica. São Paulo: Saraiva, 1995, p. 159.

Em rigor, a utilização do método positivista não retira do direito a sua relação com outros fenômenos, outras ciências, não o torna avalorativo e nem transforma o seu operador num mero exegeta mecanicizado. Trata-se de ato útil, que se aperfeiçoa na exata medida em que o cientista que dele se vale define, previamente, premissas que são indispensáveis à obtenção de resultados sujeitos à prova, passíveis de falseabilidade, de teste, exigível ao conhecimento científico.

Sob o paradigma da inserção de valores, de justiça, de densidade moral à ordem jurídica, ao lado da superelevação da importância – e consequente incontrolabilidade - da função do julgador como fator de aproximação da ordem jurídica aos anseios sociais, a "moderna" filosofia jurídica "pós (e ou neo)-positivista" concentra-se na noção de princípio, mistura a criação, a interpretação e aplicação da norma, sem antes deixar claro as bases epistemológicas de construção deste raciocínio.

Não obstante, Carrió[36] sustenta que a expressão positivismo jurídico tem sido tomada para designar uma variedade muito heterogênea de atitudes, teses e concepções relacionadas com o fenômeno jurídico. Busca, então, esclarecer o que poderia significar o positivismo jurídico, o qual, segundo este autor, pode ser tomado como método, separando Direito e Moral em universos distintos. Também pode ser entendido como ideologia, defendendo o dever moral de obedecer às normas. Igualmente, pode designar um conjunto de teses sobre a natureza do Direito Positivo, das normas jurídicas, das fontes do Direito, das propriedades características dos ordenamentos jurídicos e da função desempenhada pelos juízes.

36 CARRIÓ, Genaro. Notas sobre Derecho y lenguage. Buenos Aires: Abeledo--Perrot, 1990, p.321-328.

Destaca-se, no positivismo kelseniano, a investigação dos enclaves que abonassem a edificação duma Ciência do Direito, a partir da identificação do objeto específico, matizado enquanto diferenciador desta das demais formas de conhecimento, como o das ciências sociais, econômicas, psicológicas, políticas, dentre outras.

Com efeito, o objetivo deste pensar positivista versa a instituição e aperfeiçoamento de metodologia acurada para a escorreita compreensão e operação das normas jurídicas, constituindo um conhecimento científico dirigido ao Direito, dando azo à epistemologia jurídica.

O direito[37] - e isso foi tratado nos tópicos anteriores -, sem dúvida alguma, por força de sua gênese (o homem e a sociedade) e de elementos essenciais (ordenação ou normatização de comportamentos), é um fenômeno que envolve dimensões sociológicas; políticas[38]; econômicas; históricas; éticas, exata-

---

37 Reitera-se que se utiliza a expressão "direito" grafada em maiúscula como sinônimo de ordenamento jurídico e em minúscula para representar como fenômeno humano, precisamente, como ordem prescritiva de conduta humana. Quando referir-se ao "direito" na sua significação científica, utilizar-se-á o termo conjunto à "ciência" ambos com as iniciais em maiúsculas.

38 A relação entre Direito e Política é inafastável. Os elementos de intersecção são, sem dúvidas, a relação de poder e o Estado. Todavia, são ciências sociais que não se confundem. Verbaliza Celso Ribeiro Bastos: "o Poder Político exerce uma função transcendente desde logo na própria Constituição do Estado. Este nada mais é que uma comunidade transformada pelo exercício sobre ela do Poder Político. " BASTOS. Curso de direito constitucional, 2002, p. 22. Vale dizer, a Ciência Política tem por objeto o conjunto de fenômenos relativos ao Estado. Este "é a mais complexa das organizações criadas pelo homem". É simultaneamente um fato social e também jurídico, "organização política sob a qual vive o homem moderno. Ela caracteriza-se por ser a resultante de um povo vivendo sobre um território delimitado e governado por leis que se fundam num poder não sobrepujado por nenhum outro externamente e supremo internamente". BASTOS. Curso de teoria do Estado e ciência política, p. 48. Este poder — o Direito — mate-

mente porque estas interferem no direito por serem objeto de disciplina da própria norma jurídica, elemento essencial e particular deste, seja enquanto ciência ou como fenômeno social. Identificar esta sua propriedade não significa reduzi-lo à norma, muito menos impede que esse fenômeno se faça presente no cotidiano das diversas relações sociais de modo apropriado.

Do mesmo modo, justamente porquanto a norma prescreve condutas, compreendendo, um dever-ser, esta, a um só

rializa-se na Constituição. Do exposto, pode-se concluir, com Maria Paula Dallari Bucci, que "(...) adotar a concepção de políticas públicas em direito consiste em aceitar um grau maior de interpenetração entre as esferas jurídicas e política ou, em outras palavras, assumir a comunicação que há entre os dois subsistemas, reconhecendo e tornando públicos os processos dessa comunicação na estrutura institucional do poder, Estado e Administração Pública. " Logo, a Política é realidade externa ao Direito. Contudo, com este se relaciona. E, ao ser inserido no ordenamento jurídico mediante o processo interno correspondente, torna-se fato jurídico, normado, a ser, desta forma, objeto de estudo da ciência jurídica. Valendo-se da judiciosa preleção de Konrad Hesse: "A Constituição jurídica não configura apenas a expressão de uma dada realidade. Graças ao elemento normativo, ela ordena e conforma a realidade política e social". HESSE. A força normativa da Constituição, p. 24. Assim, a compreensão do tema "Política Urbana" deve se dar mediante o que se extrai do quanto positivado no ordenamento jurídico, no caso, dos artigos 182 e 183 da Constituição brasileira. Ainda sobre a complexa relação entre Política e Direito, importante consignar que Ferdinand Lassale, com certa dose de exagero, afirmou, consoante anuncia Hesse, que questões constitucionais não são questões jurídicas, mas sim questões políticas. O próprio Hesse parece aderir, ainda que em parte, a este posicionamento ao asseverar que "questões constitucionais não são, originariamente, questões jurídicas, mas sim questões políticas. " Entretanto, o citado constitucionalista alemão esclarece em seguida que esta concepção não prevalecerá quando admitida a força própria inerente à constituição: sua força normativa. Ou seja, existe, ao lado do poder determinante das relações fáticas — inclusive as políticas — uma força determinante das normas constitucionais, portanto, normativa, juspositiva, e que com aquele não se confunde - mas se relaciona. HESSE. A força normativa da Constituição, p. 9-10. Confira-se, com maior divagar, a posição do autor da tese sobre o tema: HUMBERT, Georges Louis Hage. O direito e o fenômeno político. Revista Novatio Iuris, n.° 3, jul - 2009.

tempo, se associa aos demais fatos da vida - naturais, culturais, políticos, econômicos, fraternos e outros – e os qualifica tornando-os, interesses jurídicos, ou seja, configura-os em fatos juridicamente relevantes, para além de meramente sociais, não suscetíveis à uma ordenação coativa-sancionadora.

Por estas razões, não procede a afirmação segundo a qual o suposto foco da Teoria Pura do Direito seria reduzir os fenômenos jurídicos a uma visão exclusivamente normativa, ordenando-os de modo coerente, distinguindo o ser do dever-ser, mas sim identificar as características peculiares relacionadas a este fenômeno social, fixar o seu objeto e configurar a sua cientificidade, a fim de melhor possibilitar o seu conhecimento – atividade descritiva – e a sua materialização concreta – atividade prescritiva.

Neste passo, a teoria de Kelsen distingue a atividade do cientista do direito, composta pelos enunciados descritivos desta, daquela outra inerente à operação e essência normativa, isto é, da sua formação, aplicação, retirada e, substancialmente, do seu conteúdo, atividades estas vinculadas por atos prescritivos. Noutras palavras: os postulados, as descrições decorrentes da Ciência do Direito não imputam deveres, obrigações, permissões, faculdades, atribuições, conquanto, por outro lado, aqueles ínsitos às relações internormativas o são.

A partir desta concepção, a Teoria Pura do Direito aponta as peculiaridades da norma jurídica, a ensejar a sua configuração como o objeto específico da ciência jurídica, cuja escorreita análise e aplicação passam pela constituição da sua própria epistemologia.

Warat, um dos mais fervorosos críticos do positivismo jurídico, reconhece a importância desta teoria, ao elucidar que a sua principal qualidade é "...precisamente a elucidação metodológica do pensamento dogmático do Direito. Trata-se de uma investigação realizada dentro do campo da ciência dogmática, conforme o proceder kantiano, de tomar a ciência positiva como ponto inicial de todo empreendimento epistemológico. "[39]

O direito de fato, repise-se, é acontecimento que envolve dimensões sociológicas; políticas; econômicas; históricas; éticas. Não é possível dissociá-lo de outros fatos sociais, de outros atos da humanidade, mesmo porque o direito, consoante já firmado, é ordem de conduta humana: interfere, portanto, na realidade.

Já o positivismo jurídico, na concepção da Teoria Pura do Direito, não olvida esse dado da realidade e tampouco reduz o direito à norma. Apenas fixa aspectos fundamentais para a compreensão do direito enquanto ciência, o seu objeto e método, atribuindo relevância, neste particular, à norma jurídica e à sua condição de elemento basilar de formação do sistema jurídico, assim como de objeto própria da ciência que investiga o multicitado sistema.

Carlos Cossio advoga ser objeto do Direito a "conduta humana em interferência intersubjetiva", cujo esquema interpretativo repousa na norma. Consequentemente discorda do entendimento de que as normas são o objeto do da Ciência do Direito, apostilando que a conduta humana é o efetivo objeto desta. A sua Teoria Egológica compreende que a ciência jurídica tem, portanto, por escopo, e por consequente objeto, o estudo da conduta humana em sua dimensão social, sendo a norma jurídica um meio para realização de tal estudo. Considera o direito um objeto cultural egológico justamente por possuir em sua essência a conduta humana. A norma seria o instrumento

39 WARAT, L. A. A pureza do poder: uma análise crítica da teoria jurídica. Florianópolis: UFSC, 1983, p.33.

utilizado para estudar, compreender e determinar a conduta humana. Afirma com isso que não consta nas legislações e codificações o real objeto do estudo jurídico, mas sim as condutas e valores a que aquelas se referem.

Logo, para Cossio, direito é conduta humana, é, pois, um "dever-ser" existencial dependente da faculdade humana, que se baseia na experiência, para se configurar. Na abalizada lição de Maria Helena Diniz, sobre o tema em comento, "para a teoria egológica, a ciência do direito deve ter por objetivo o conhecimento do direito, que seria o conhecimento da conduta humana em sua interferência inter-subjetiva e dos valores que a informam. Deve, portanto, o sujeito pensante estabelecer, intelectivamente, uma relação entre conduta e valor, a fim de obter o conhecimento do direito. A pesquisa jurídico-científica deve partir da observação da conduta, valendo-se da compreensão para que, mediante a consideração de valores possa captar o "sentido normativo" de seu objeto." [40]

A despeito de não concordar, em sua plenitude, com a Teoria Pura do Direito e, em termos, com o positivismo jurídico ora sustentado como meio apto à realização dos estudos e aplicação jurídicos, Tércio Sampaio Ferraz Júnior[41] reconhece, como se positivista fosse, que

40 COSSIO, Carlos. *Teoría egológica del derecho y el concepto jurídico de libertad.* Buenos Aires: Abeledo-Perrot, 1964, p. 63-66. Diniz, Maria Helena. A Ciência Jurídica. 6ª ed. São Paulo: Saraiva, 2003, p. 35. Sobre a Teoria Egológica, veja-se: Guimarães, Ylves José de Miranda. Direito Natural - Visão Metafísica e Antropológica. São Paulo/Rio de Janeiro: Forense Universitária, 1991, p. 197-198; Batalha, Wilson de Souza Campos. Introdução ao Estudo do Direito - Os fundamentos e a visão histórica, Rio de Janeiro: Forense, 1986, p. 172-173; Machado Neto, A. L. Compêndio de Introdução à Ciência do Direito. São Paulo: Saraiva, 1988, p. 50-59.

41 FERRAZ JÚNIOR, Tércio Sampaio Ferraz. Introdução ao Estudo do Direito. São Paulo: Atlas, 2000, p. 49.

> os juristas, em termos de um estudo estrito do direito, procurem sempre compreendê-lo e torná-lo aplicável dentro dos marcos da ordem vigente. Esta ordem que lhes parece como um dado, que eles aceitam e não negam, é o ponto de partida inelutável de qualquer investigação. Ela constitui uma espécie de limitação, dentro da qual eles podem explorar as diferentes combinações para a determinação operacional de comportamentos juridicamente possíveis.

Não por outra razão, alerta Kelsen que[42]

> De um modo inteiramente acrítico, a jurisprudência tem-se confundido com a psicologia e a sociologia, com ética e a teoria política. Esta confusão pode porventura explicar-se pelo fato de estas ciências se referirem a objetos que indubitavelmente têm uma estreita conexão com o Direito. Quando a Teoria Pura do Direito empreende delimitar o conhecimento do Direito em face desta disciplinas, fá-lo não por ignorar ou, muito menos por negar essa conexão, mas porque intenta evitar um sincretismo metodológico que obscurece a essência da ciência jurídica e dilui os limites que lhe são impostos pela natureza de seu objeto.

Retomando o tema, Tércio Sampaio Ferraz Júnior, perfilha que[43]

42 KELSEN. Teoria pura do direito, p. 50.

43 FERRAZ JR., Tércio Sampaio. Por que ler Kelsen, hoje.

> A redução do objeto jurídico à norma causou inúmeras polêmicas. Kelsen foi continuamente acusado de reducionista, de esquecer as dimensões sociais e valorativas, de fazer do fenômeno jurídico uma mera forma normativa, despida de seus caracteres humanos. Sua intenção, no entanto, não foi jamais a de negar os aspectos multifaciais de um fenômeno complexo como é o direito, mas de escolher, dentre eles, um que coubesse autonomamente ao jurista. Sua idéia era a de que uma ciência que se ocupasse de tudo corria o risco de se perder em debates estéreis e, pior, de não se impor conforme os critérios de rigor inerentes a qualquer pensamento que se pretendesse científico.

Também sobre a questão, vale trazer à baila a observação de REALE[44], sobre KELSEN:

> "Kelsen estava, em 1940, no esplendor de sua primeira fase, porque ele teve três fases. Ele foi um jurista que mudou muito ao longo do tempo. Em 1940, era conhecido, sobretudo como o jurista da norma, do normativismo hierárquico, da pirâmide das normas jurídicas, conforme expunha em sua Teoria Pura do Direito (1ª edição). Se se perguntasse a Kelsen o que é Direito, ele responderia: Direito é norma jurídica e não é nada mais do que norma. Muito bem, preferi dizer: não, a norma jurídica é a indicação de um caminho, porém, para percorrer um caminho, devo partir

44 REALE, Miguel. Teoria tridimensional do direito, p. 117/128

> de determinado ponto e ser guiado por certa direção: o ponto de partida da norma é o fato, rumo a determinado valor. Desse modo, pela primeira vez, em meu livro Fundamentos do Direito eu comecei a elaborar a tridimensionalidade. Direito não é só norma, como quer Kelsen, Direito não é só fato como rezam os marxistas ou os economistas do Direito, porque Direito não é economia. Direito não é produção econômica, mas envolve a produção econômica e nela interfere; o Direito não é, principalmente valor, como pensam os adeptos do Direito Natural tomista, por exemplo, porque o Direito ao mesmo tempo é norma, é fato e é valor. E, pela primeira vez, na introdução do livro Teoria do Direito e do Estado, disse aquilo que generosamente um dos maiores discípulos de Kelsen, Josef Kunz, qualificou de "fórmula realeana": "o Direito é uma integração normativa de fatos segundo valores". Essa é a fórmula que Josef Kunz chamou de fórmula realeana. O Direito, repito, é uma integração normativa de fatos segundo valores. "O direito é a concretização da idéia de justiça na pluridiversidade de seu dever-ser histórico, tendo a pessoa como fonte de todos os valores. "

Impende, pois concluir pela inolvidável importância, atualidade e utilidade do positivismo jurídico no estabelecimento de critérios aptos a apresentar soluções aos temas pertinentes à apreensão do direito, os quais perpassam pela exata distinção entre o direito, a ciência do direito, a escorreita definição do seu objeto e, finalmente, a consideração de que o problema da hermenêutica jurídica é ínsito a uma parte da ciência do direito, a qual não deriva, necessariamente, da noção de norma e suas espéciesSegundo Maynez[45], "*El más grande mérito de Kelsen es haberse planteado, con energía y agudeza por nadie igualadas, la cuestión metodológica. Ningún jurista ha sostenido con mayor rigor la necesidad de deslindar, dentro de la órbita del conocimiento jurídico, los campos y sectores de estudio de cada disciplina*".

No epítome de Paulo de Barros Carvalho[46]

> o objeto da Ciência do Direito há de ser precisamente o estudo desse feixe de proposições, vale dizer, o contexto normativo que tem por escopo ordenar o procedimento dos seres humanos, na vida comunitária. O cientista do Direito vai debruçar-se sobre o universo das normas jurídicas, observando-as, investigando--as, interpretando-as e descrevendo-as segundo determinada metodologia.

Em sentido contrário, diversas são as correntes doutrinárias que, criticamente, veem na definição da norma jurídica como objeto da ciência jurídica uma restrição capaz de impossibilitar a sua ajustada compreensão. Vale saber: "O que se chama de teoria crítica é tão-somente um conjunto de abalos e cumplicidades contra as teorias dominantes. Seu objetivo assemelha-se a uma guerra de guerrilhas, isto é, infinitas estratégias teóricas que visam minar os alicerces da fortaleza do dogmatismo jurídico. Um espaço teórico bastante fragmentado, nada

45 "MAYNEZ, Eduardo García. Importancia de la teoría jurídica pura. 2. ed. Ciudad de México: Distribuciones fontamara, 1999, p. 41.

46 CARVALHO, Paulo de Barros. Curso de Direito Tributário. São Paulo: Saraiva, 2004, p. 3.

monolítico e cheio de promessas. [...] Os discursos críticos do Direito, assim entendidos, estão desvinculados do positivismo jurídico, do jusnaturalismo e do realismo sociológico, fazendo deles objetos de sua crítica".[47]

Nesse sentido, escreve BARROSO[48]:

> "Sob a designação genérica de teoria crítica do direito, abriga-se um conjunto de movimentos e de idéias que questionam o saber jurídico tradicional na maior parte de suas premissas: cientificidade, objetividade, neutralidade, estatalidade, completude. Funda-se na constatação de que o Direito não lida com fenômenos que se ordenem independentemente da atuação do sujeito, seja o legislador, o juiz ou jurista"

Entre as principais características de uma teoria crítica do direito, em sua complexidade, ter-se-ia, na lição de Luiz Fernando Coelho[49], conforme resumo de Volpe Filho e Scapim:

> "a) o Direito não é sinônimo de lei: trata-se da noção de que o jurista precisa inserir-se na sociedade para entender que o Direito não é apenas àquele originado do Estado. O Direito deve ser identificado com o bem

47 WARAT, Luís Alberto e PÊPE Albano Marcos Bastos. Filosofia do direito: uma introdução crítica, p. 65.

48 BARROSO, Luís Roberto. Fundamentos teóricos e filosóficos do novo direito constitucional brasileiro: pós-modernidade, teoria crítica e pós-positivismo. In A nova interpretação constitucional: ponderação, direitos fundamentais e relações privadas. Rio de Janeiro/São Paulo: Renovar, 2003.

49 COELHO, Luiz Fernando. Teoria crítica do direito. Belo Horizonte: Del Rey, 2003.

comum, com a justiça e a igualdade, não devendo ser utilizado como artifício pelas classes dominantes; b) o Direito não é uno: a monopolização do Direito pelo Estado é questionada pelo pensamento crítico, que considera o Estado um ente contraditório indispensável para a reprodução do' sistema capitalista e, nesse sentido, seria também um ente alienador. Tentam, os críticos, substituir o ineficaz legalismo do estado por outras vias de juridicidade; c) o Direito não é neutro: a neutralidade, entendida como um distanciamento absoluto da questão a ser apreciada, pressupõe um jurista isento não somente das complexidades da subjetividade pessoal, mas também das influências sociais. Porém, para a epistemologia de uma Teoria Crítica o sujeito é um sujeito criador da história, ou seja, não se pode isolar sujeito do objeto e, portanto, o Direito não está isolado das relações sociais que o produzem e, por conseguinte, o jurista não pode ser possuidor de uma neutralidade. Uma abordagem crítica do Direito exige operadores do direito conscientes de seu papel contraditório de defesa de interesses de classes ou frações de classe; d) o objeto do Direito é um problema a ser solucionado: o Direito não pode considerar-se completamente científico, uma vez que é produzido por legislador que não é – e nem pode ser – neutro, muito menos racional ou dono de uma 'racionalidade limitada'. O Direito se alimenta do social, das experiências vividas quotidianamente, de forma que o jurista cria e modifica o Direito à medida que, em o conhecendo, o interpreta e aplica e, desta forma, o objeto é um problema a ser solucionado e não simplesmente um objeto a ser descrito; e) o direito não é racional: uma vez que trata-se do produto do emocional, do afeto, do subjetivo, do intuitivo. Nesse sentido, a forma ou aparência de racionalidade do Direito é um meio de legitimar as decisões jurídicas, ou seja, o Direito não pode desligar-se de seus operadores, os quais lhe incutem elementos de irracionalidade, quando objetivam, através das regras e decisões jurídicas, suas crenças, emoções, valores e sentimentos inerentes à psique humana; f) o Direito é um instrumento de transformação social: pois que deve ter por objetivo a emancipação da sociedade, a partir da noção de que, contraditoriamente, o mesmo Direito que legitima e reproduz a exploração pode ser o elemento fundante de uma mudança social, deve criar as condições jurídicas necessárias para a emancipação do homem; g) o Direito não é autolegítimo: pois a legitimidade das normas resulta de um processo ideológico que fundamenta a aceitação das normas pela sociedade por elas regida. A crítica não pode ser relativa somente à condição existente, mas crítica em trabalhar na direção de uma nova existência; e, finalmente: h) o Direito não é dono de uma positividade axiológica do direito: pois não possui uma característica valorativa apenas positiva (justiça, bem comum, igualdade, liberdade, etc.), há também valores negativos na experiência jurídica, como a escravidão, o despotismo e o desprezo pelos direitos humanos. A bondade essencial do direito não passa de artifício retórico para sua imposição ideológica ao consenso da macro-sociedade dominada e seu caráter ético está na dependência de seu uso como instrumento de controle social. "

Ocorre que, ao contrário de inúmeras contraditas, o direito positivo, enquanto teoria jusfilosófica, propõe-se a afirmar o direito enquanto ciência, a partir da delimitação do seu objeto singular - a norma jurídica – e apontamento dos métodos de sua operação - com base na análise das relações prescritivas, configuradas pelas relações de validade entre as normas jurídicas e naquelas descritivas, cujo resultado pode ser verdadeiro ou falso, útil ou inútil, corroborável ou falseável, fundadas numa conjectura em que referidas normas integram um sistema, caracterizado pela unidade, coerência e completude.

Na mesma toada MIAILLE: "Porque, em definitivo, trata-se de saber porque é que dada regra jurídica, e não dada outra, rege dada sociedade, em dado momento. Se a ciência jurídica apenas nos pode dizer como essa regra funciona, ela encontra-se reduzida a uma tecnologia jurídica perfeitamente insatisfatória. Temos direito de exigir mais dessa ciência, ou melhor, de exigir coisa diversa de uma simples descrição de mecanismos".

Na sequência expõe que: "(...) o direito é um conjunto de normas ou de regras obrigatórias e oficialmente sancionadas, pelas quais estão organizadas as relações entre as pessoas que vivem em sociedade. Esta definição que quase todos os autores atuais subscreveram parece-me comportar os termos que, em vez de explicitarem o que é verdadeiramente o direito, obscurecem a realidade e impedem que dela se faça uma análise científica. As duas palavras que se correspondem são as de normas e pessoas. Elas estão na origem de um fetichismo que deve ser identificado nas suas manifestações e criticado no seu fundamento. Idem, p. 86-7. Após, sinaliza dois erros do positivismo jurídico: "O primeiro erro consiste em definir o direito pela noção de 'sanção'. (...) a idéia de que a sanção-repressão é característica do direito é totalmente falsa. O erro metodológico é portanto grave: não se pode definir cientificamente um fenômeno pelas suas consequências senão quando elas aparecem ligadas ao aparecimento de fenômeno. " Já o segundo consiste na acepção da norma como obrigação, ou imperativo. Pare ele "um sistema normativo, como o direito, é pois antes de tudo um sistema de relações". "Por outras palavras, antes de ser obrigação, a norma jurídica é instrumento de medida. " Ao nosso ver, esta crítica recai nos mesmo equívocos das demais: a confusão entre direito como fato/fenômeno social, como ciência, o seu objeto e a atividade de sua operação – interpretação e operação – esta última objeto de tópico específico da ciência do direito, a ciência jurídica. [50]

Em crítica ao positivismo, com destaque à obra de Kelsen, MÜLLER assevera que, partindo do caso individual prático, o autor de Viena fica devendo todo e qualquer subsídio para reconhecer como produzir "o quadro em si logicamente equivalente da ordem aplicada da norma". Segundo o citado autor, "como ciência no sentido de Kelsen, a teoria geral do direito não pretende contribuir em nada para a concretização de um determinado ordenamento jurídico como ordenamento com determinados conteúdos." MÜLLER, na sua teoria dos métodos de trabalho e concretização da Constituição, desenvolvida ao longo de diversas obras, parte da premissa segundo a qual a normatividade é o resultado do programa normativo somado ao que ele denomina de âmbito (ou domínio) da norma. Questiona a separação clássica entre ser – composto, entre outros elementos, pela realidade, grupos de pessoas, fatos, conjuntos sociais - e dever ser - a norma, prescrição. Isto porque sustenta que a norma sofre influência, no momento de sua cria-

50 MIAILLE, Michel. Introdução crítica do direito. Lisboa: Editorial Estampa, 1989, p. 23. Ibidem: pp. 88-90. Confira-se Bobbio, Norberto. Teoria do Ordenamento Jurídico.

ção, da realidade, ao mesmo tempo em que, após sua edição, exerce também uma influência sobre esta. Assim, lecionava que o texto normativo é apenas o início da interpretação e o seu limite final. De sorte que, na sua obra percorre conceitos como os de âmbito da norma (que é composto pelas diferentes funções concretizadoras da norma, tais quais a instituição da norma, a sociedade, governo, administração pública, jurisprudência e a própria ciência) e programa normativo (obtido pela interpretação integral e racionalmente recapitulável de todos os elementos, primacialmente linguísticos, da concretização da constituição), os quais integram, ao lado dos elementos metodológicos strictu sensu – como ele classifica os métodos clássicos de interpretação do memorável mestre Von Savigny -, dogmáticos, de teoria, de técnica e solução e, por fim, de política de direito constitucional, serão responsáveis pela concretização da constituição. Exprime, neste passo, a ideia de realidade, sendo nítida a sua preocupação central no pressuposto fático contido na norma. Não vislumbra a existência de uma distinção radical entre fato e norma, tão propugnada pelos positivistas. Isto porque sustenta que quer fazer crer ao longo de sua belíssima exposição que há um inter-relacionamento entre a norma e a realidade, sendo a recíproca verdadeira. Portanto, estes dois âmbitos formariam um "sistema" indissociável, estando em simbiose. Com o passar dos anos seu pensamento mostrou uma nítida evolução, no qual o elemento caso concreto ganha evidência, pois que, somente através deste é que a norma se destaca e toma importância. Isto já é o bastante para demonstrar a fragilidade do sentido textual da norma e a necessidade de um progresso na interpretação clássica para um método, dotado de maior rigor cientifico e especial forma, onde o objeto deve ser a concretização da Constituição. Neste particular – atentar para a necessidade de conferir cientificidade própria à tarefa de compreender e aplicar a Constituição – e não na acalorada crítica a Kelsen é que merece realce a teoria deste autor. MÜLLER, Friedrich. Teoria Estruturante do Direito. São Paulo: Editora Revista dos Tribunais, 2009, p 29. Para seus adeptos, "A Teoria Estruturante do Direito traduz justamente essa perspectiva, unindo esforços para a apresentação de uma nova reflexão acerca da dogmática, da metódica e da teoria da norma jurídica. Encontra-se inserida num contexto pós-positivista e se propõe a tarefa de estruturar a ação jurídica a partir das exigências do Estado Social e Democrático de Direito. Referida teoria, apresenta uma nova perspectiva de aplicação do direito, em contraposição ao modelo positivista de atividade jurídica como subsunção de fatos a uma norma pré-estabelecida e pronta para ser aplicada, resumindo, dessa forma, o trabalho do operador do direito ao enquadramento do caso concreto ao texto legal. A teoria alemã propõe, portanto, uma mudança de paradigma, bem como a estruturação do direito a partir das exigências de um Estado Democrático. E, muito embora tenha sido construída em meados dos anos 60, continua inovadora e atual." Explicita Muller que "conhecer o sentido do signo lingüístico "constituição" significa, por conseguinte, saber quais regras vigem para o seu uso e saber como se pode agir com esse signo. " Sequencialmente, ensina que a "a 'constituição' não é introduzida como definição nem como significado efetivamente usado (pois nesse caso teríamos mais de dez definições e significados ao mesmo tempo), mas como elemento de trabalho, como mera explicitação". Então conclui: "É esse enfoque indutivo que, entre outros elementos, interliga a Teoria Estruturante do Direito e uma vertente da Lingüística contemporânea, denominada Semântica Prática". Portanto, para o pensador alemão, "ao operar indutivamente e não dedutivamente, a Teoria Estruturante do Direito opta pela teoria da ação. O sujeito da decisão jurídica não é "a lei", "a norma", mas o jurista efetivamente atuante. " Ob. Cit., p. 126 (grifos do original). No mesmo sentido, GUASTINI, Riccardo. Das fontes às normas. São Paulo: Quartier Latin, 2005, p. 25-29. Em denotação próxima, Peter Häberle compreende o direito como fenômeno propriamente cultural, não havendo significação distintiva peculiar para lhe qualificar como um dado específico da realidade. Não é só lei. É uma construção, um processo participativo, pelo que a interpretação é "...a um só tempo elemento resultante da sociedade aberta e um elemento formador ou constituinte desta sociedade. " HÄBERLE, Peter. "Hermenêutica Constitucional. A Sociedade Aberta dos Intérpretes da Constituição: Contribuição para a Interpretação Pluralista e "Procedimental" da Constituição. " Porto Alegre: Sérgio Antonio Fabris Editor, 1997, p. 13. Propugna a teoria constitucional como ciência da experiência que, portanto, deve estar em condições de explicitar os grupos concretos de pessoas e os fatores que formam o espaço público, o tipo de realidade de que se cuida, a forma como ela atua no tempo, as possibilidades e necessidades existentes. Ob. Cit., p. 19. Cumpre salientar que, a despeito de ressaltar a importância do papel da política neste processo – pois esta não é eliminada da constituição -, menciona que isto não significa uma fuga e sequer uma sobreposição desta ao Direito. Mesmo porque, considera, em diversas passagens de sua obra, que na "atividade" interpretativa sempre subsiste a responsabilidade da jurisdição constitucional, a qual fornece, em geral, a última palavra sobre interpretação. Com efeito "A corte constitucional deve controlar a participação leal dos diferentes grupos na interpretação da Constituição..." Daí porque não o podemos considerar como um rompedor, um opositor ou reacionário à teoria positivista. No estudo da sua obra é perceptível uma vinculação com a norma jurídica, especialmente as constitucionais, bem como a sua importância para a formação e conformação do Direito. Portanto, não se coaduna aqui com sua qualificação como pós-positivista. O que se infere da leitura das teses concretistas em geral é uma preocupação em apresentar soluções e adaptações do direito perante a evolução natural da sociedade. Diante do exposto, entendemos que a sua tese não é revolucionária. Não é anti-normativista. Tenta sim, organizar o processo da interpretação e adequá-lo à realidade, trazendo à baila bons elementos que devem circundar e nortear a correta hermenêutica constitucional e não questões relacionadas à elevação do direito à categoria científica e a identificação do seu objeto, como pretende a teoria pura do direito. Ob. Cit., p. 46. Confira, também neste sentido, p. 14. Neste contexto, para Paulo Bonavides "a construção teórica de Häberle parece desdobrar-se através de três pontos principais: o primeiro, o alargamento do círculo de intérpretes da Constituição: o segundo, o conceito de interpretação como um processo aberto e público; e, finalmente, o terceiro, ou seja, a referência desse conceito à Constituição mesma, como realidade constituída e 'publicização'". E finaliza: Demais disso, "o método concretista da 'Constituição Aberta' demanda para uma eficaz aplicação a presença de sólido consenso democrático, base social estável, pressupostos institucionais firmes, cultura política bastante ampliada e desenvolvida, fatores sem dúvidas difíceis de achar nos sistemas políticos e sociais de nações subdesenvolvidas ou em desenvolvimento, circunstância esta importantíssima, porquanto logo invalida como terapêutica das crises aquela metodologia cuja flexibilidade engana à primeira vista." BONAVIDES, Paulo. Curso de Direito Constitucional. São Paulo: Malheiros, 2006, p.513. Vale ressaltar, quanto a Müller e Häberle, que a grande contradição de suas teorias à Teoria Pura do Direito decorre da divergência do objeto. Isto porque, enquanto esta se ocupa da elevação do direito à categoria científica, aquelas se debruçam sobre a forma de interpretação e aplicação de parte do Direito - as normas constitucionais, e justamente porque precedentemente restaram fixadas as balizas teóricas positivistas que permitiram este tipo de investigação. Num arremate: para num contexto jus-filosófico positivista, a ciência jurídica é uma ciência normativa, no sentido de que versa sobre normas jurídicas e se exprime em linguagem normativa (deôntica), partindo do pressuposto da aferição da relação de validade - e não de qualidade da norma ou do seu intérprete, as quais devem ser objeto de investigação de outras ciências. Confira-se, notas esclarecedoras sobre o tema em GUASTINI, Riccardo. Das fontes às normas. São Paulo: Quartier Latin, 2005, especialmente p. 45-46, 87-89, 168 e 348-352.

Assim sendo, não assiste razão às críticas das modernas correntes jusfilosóficas, rotuladas como "pós" ou "neopositivistas"[51], de que é o positivismo incompatível com a promoção de valores socialmente aceitos, almejados, ou de aproximação do direito à noção de justiça.

51 A despeito de não ser o objeto deste trabalho, não podemos deixar de - para aquém da crítica ao conteúdo destas teorias ao positivismo, como se este fosse o responsável pelas mazelas que o direito, como qualquer outro fenômeno humano, pode ostentar - consignar que há mesmo que se tecer uma crítica aos termos utilizados para identificar essas novas formas de pensar o direito. Isto porque a primeira passa a falsa ideia de superação de uma teoria – no caso a positivista, o que não ocorre. Se assim fosse, teríamos também o "pós-jusnaturalismo", a "pós-livre investigação científica", a "pós-jurisprudência dos conceitos", o "pós-realismo", o "pós-egologismo". Trata-se, em rigor, de nova teoria que não supera, mas, no máximo, critica a teoria positivista. Já quanto à segunda, configura uma – ao menos aparente – contradição em si. Ora, a teoria neopositivista critica acintosamente o positivismo e deste exterioriza se afastar, mas carrega consigo o mesmo rótulo, acrescido do signo novo.

Ademais, defende-se que não é acertado afirmar que aquela forma de elucubrar o direito não se coaduna com a categorização das normas jurídicas em gêneros, compostos pelas espécies regras e princípios – estes que supostamente trariam para dentro do sistema jurídico as citadas noções até então excluídas pelos paradigmas positivistas. Ora, à evidência, isto não é incompatível, ao contrário, é potencializado pelo positivismo, desde que pertencentes ao sistema, acoplados pelo rito previsto pelo próprio sistema, mas jamais desprovido de fundamento normativo, isto é, assentado em pressupostos estranhos à ordem jurídica em vigor, assim considerada enquanto conjunto de normas válidas.

Do exposto, verifica-se que, em detrimento do quanto asseverado em sentido contrário, definir a ciência jurídica e seu objeto, no sentido proposto por Kelsen, até mesmo para quem discorda do multimencionado jurista, é substancialmente relevante para a concretização das normas, mas não o é – e nem poderia ser, pena do colapso do sistema – para inovar o sistema, no sentido de por uma norma validamente.

E esta atividade descritiva, vale ressaltar, será mais útil e determinante para auxiliar a operação de normas e influenciar a sua transformação, interferindo, destarte, no conteúdo do direito (composto pela complexa relação destes fatores), na exata medida em que exercida a partir de critérios científicos, mediante objeto e método que, no mínimo, sejam previamente revelados pelo pesquisador, como se propôs, em cerne, a Teoria Pura do Direito. A teoria pura do Direito considera o seu objeto não como uma cópia mais ou menos imperfeita de uma idéia transcendental. Ela não tenta compreender o Direito como um produto da justiça, como o filho humano de um progenitor divino. A teoria pura do Direito insiste numa distinção clara entre o Direito empírico e a justiça transcendental, excluindo esta de seus interesses específicos. Ele vê o Direito não como a manifestação de uma autoridade supra-humana, mas como uma técnica social específica baseada na experiência humana; a teoria pura recusa-se a ser uma metafísica do Direito. Consequentemente, ela procura a base do Direito – isto é, o fundamento da sua validade – não num princípio metajurídico, mas numa hipótese jurídica – isto é, a norma fundamental – a ser estabelecida por meio de uma análise lógica do pensamento jurídico efetivo". [52]

52 "KELSEN, Hans. Teoria do Direito e do Estado. São Paulo: Martins Fontes, 1995. p. 3. Em contrariedade à proposição de Kelsen, Bittar indaga: "de que serve um ordenamento cuja fundamentação remonta à norma fundamental se, na prática, não é capaz de ser praticado? ". BITTAR, Eduardo C. B. O direito na pós-modernidade e reflexões frankfurtianas. 2. ed. Rio de Janeiro: Forense Universitária, 2009, p. 189. Em seguida, remata: "o que se propugna, em poucas palavras, é que a ciência do direito esteja, de modo epistemológico, consciente das mudanças sociais, culturais e paradigmático-científicas ocorridas ao longo dos últimos anos. Com a exaustão do modelo de ciência jurídica descomprometida com a realidade sociocultural e histórica, perdem sentido *interna corporis* as normas acadêmicas que imponham cânones de abstração aos conteúdos de discussão da ciência do direito. No lugar de detidas e prolongadas investigações sobre a natureza jurídica de um instituto, discussões mais realistas sobre a aplicabilidade e o sentido social de um instituto, no lugar de regras metodológicas formalistas e puristas, a troca de experiências intercientíficas (numa visão micro, das ciências jurídicas, e numa visão macro, das ciências humanas, exatas e biológicas), no lugar de proposições vazadas de linguagem hermética e formal, importantes digressões semióticas (semânticas, sintáticas e pragmáticas) sobre a constituição do discurso do legislador, no lugar de preciosismos doutrinários, preocupações sócioaplicativas do direito, no lugar de um afastamento abismal entre as preocupações da dogmática jurídica (direito civil, direito comercial, direito penal...) e da zetética jurídica (filosofia do direito, sociologia do direito, antropologia do direito...), um entrelaçamento produtivo entre as instâncias discursivas da jus ciência, no lugar de uma rejeição profunda das expectativas do senso comum com relação à justiça e às necessidades sociais, um trabalho de levantamento empírico destas reais demandas sociais como fonte de inspiração para a reflexão da ciência do direito." Op. Cit. p. 375-376.

Sobre o tema o próprio Kelsen[53], em exórdio à sua obra Teoria do Direito e do Estado, já explicitava:

> Boa parte da jurisprudência tradicional é caracterizada por uma tendência para confundir a teoria do Direito positivo com ideologias políticas disfarçadas ou de especulação metafísica sobre a justiça ou de doutrina jusnaturalista. Ela confunde a questão da essência do Direito – isto é, a questão do que o Direito realmente é – com a questão do que ele deveria ser. Ela tende mais ou menos a identificar Direito e justiça.

Justifica o autor:

> algumas teorias de jurisprudência mostram a tendência para ignorar a fronteira que separa a teoria das normas jurídicas que regulam a conduta humana de uma ciência que explica em termos causais a conduta humana efetiva, uma tendência que resulta do fato de se confundir a questão de como os homens devem se conduzir juridicamente com a questão de como os homens se conduzem de fato e de como provavelmente se conduzirão no futuro.[54]

53 KELSEN, Hans. Teoria do Direito e do Estado. São Paulo: Martins Fontes, 1995. p. 3-4.

54 KELSEN, Hans. Teoria do Direito e do Estado. São Paulo: Martins Fontes, 1995. p. 3-4.

Este fenômeno se biparte em duas significações, isto é, enquanto um fato humano e enquanto conjunto de normas jurídicas – no aspecto acima ditado de ordem prescritiva, razão pela qual pode ser analisado sob diversos planos de diversas ciências: da sociologia, da economia, da política, da história, da geografia, antropológico e da própria ciência do direito. Cada qual pela via de identificação de método e objeto.[55]

E, acresce-se, mesmo no plano metacientífico, seja ele moral, religioso ou filosófico. Quanto a este último, cumpre asseverar que a noção de ciência jurídica não é contraditória, mas apenas diversa, à abordagem filosófica que pode ser conferida a esse dado da realidade. Assim sendo, o direito pode ser objeto – e não objetado – da filosofia e esta pode interferir na forma de se fazer a ciência jurídica, mas, à toda evidência, com esta não se confunde. Daí porque, sob este prisma, procedem as indagações de Miguel Reale, para quem "Se nos propomos resumir resultados, devemos fazê-lo segundo certo prisma, ou, por outras palavras, segundo um valor. Quem nos dá o critério de valor para cotejar, para excluir e resumir resultados? Qual será a norma para a estimativa da unidade? Quem nos assegura que nos resultados das ciências já esteja imanente a unidade que se busca? Será essa unidade possível? ". Com efeito, responde o citado autor que "Sem um critério seletivo, não faríamos outra coisa senão repetir o que a Ciência já disse, ou, quando muito, elaboraríamos um índice das ciências, mas não verdadeira Filosofia. Se podemos confrontar explicações parciais para atingirmos uma compreensão total, é porque possuímos a capacidade de considerá-las, não abstratas ou abstraídas do

55 É exatamente esta noção que justifica a mantença como integrantes curriculares do campo dos estudos jurídicos, em caráter propedêutico, tanto a Teoria Geral do Direito quanto a Filosofia do Direito.

processo espiritual, como dados postos fora de nós, mas sim referidas à força una e integrante do espírito. A visão total da Ciência implicaria uma estimativa, um critério de valor, para selecionar ou coordenar os resultados. Então, a Filosofia não é mais soma, nem mero resumo das ciências, segundo um 'ponto de vista de conjunto', mas é crítica das ciências. "[56]

Segundo Kelsen[57] "A realidade específica do Direito não se manifesta na conduta efetiva dos indivíduos sujeitos à ordem jurídica. Esta conduta pode estar em conformidade com a ordem cuja existência é a realidade em questão. A ordem jurídica determina o que a conduta dos homens deve ser. É um sistema de normas, uma ordem normativa. A conduta dos indivíduos, tal como ela é efetivamente, é determinada por leis da natureza de acordo com o princípio da causalidade. Isto é a realidade natural. E na medida em que a sociologia lida com a sua realidade tal como determinada por leis causais, a sociologia é um ramo da ciência natural. "

Kelsen resume que

> A teoria que será exposta na primeira parte deste livro é uma teoria geral do Direito positivo. O Direito positivo é sempre o Direito de uma comunidade definida: o Direito dos Estados Unidos, o Direito da França, o Direito mexicano, o Direito Internacional. Conseguir uma exposição científica dessas ordens jurídicas parciais, que constituem as comunidades jurídicas correspondentes, é o intuito da teoria ge-

56 REALE, Miguel. Filosofia do Direito. São Paulo: Saraiva, 2000, p. 23.

57 KELSEN, Hans. Teoria do Direito e do Estado. São Paulo: Martins Fontes, 1995. p. 2.

> ral do Direito, aqui exposta. Esta teoria, resultado de uma análise comparativa das diversas ordens jurídicas positivas, fornece os conceitos fundamentais por meio dos quais o Direito positivo de uma comunidade jurídica definida pode ser descrito. [58]

Em nenhum momento se afirma nestas linhas – e mesmo da clássica leitura positivista kelseniana - que direito se confunde ou se resume à norma. Nem mesmo que diversos fenômenos, históricos, sociais, econômicos, políticos, não influenciem o direito.

Sustenta-se, sim, que, enquanto dado da realidade, o direito e seus componentes são passíveis de conhecimentos, filosóficos e científicos, estes últimos pelas mais variadas espécies, mas também é ele, além de fenômeno humano, ciência, dotado de objeto e métodos peculiares.

Sob este prisma, não há nenhuma distinção da noção completa de direito proposta pelo positivismo jurídico. A diferenciação se refere à forma de pensar cientificamente o tema: se por ramo específico da ciência ou como mero objeto de outras ciências.

Larenz revela, em sua obra, afinidade quanto ao que aqui se sustenta. Nas suas palavras é possível caracterizar a ciência do direito "como a ciência sobre o Direito, que dele se ocupa sob seu aspecto normativo e, assim, que se ocupa do 'sentido das normas'. Trata-se nela da validade normativa e do conteúdo de sentido das normas de direito positivo... Se a ciência jurídica se compreende a si própria como 'ciência normativa', tal não

58 KELSEN, Hans. Teoria do Direito e do Estado. São Paulo: Martins Fontes, 1995, p. 2.

significa dizer que ela mesma dê normas, que ponha em vigor normas jurídicas. Antes, que se compreende a si própria em princípio como um sistema de enunciados sobre o Direito vigente. Certamente que haveremos de ver que seus enunciados não deixam de ter influência sobre o conteúdo daquilo a que se referem, das normas jurídicas. " [59].

Justamente a relevância característica do positivismo jurídico é conceber as notas específicas, as propriedades e autonomia da Ciência Jurídica e, neste particular – não na noção total do direito - isolá-lo de interferências que não sejam ínsitas ao seu objeto específico – também da norma jurídica e de suas relações.[60]

A partir desta constatação, estabelece-se que cumpre ao cientista do direito definir os métodos e o objeto do conhecimento, que o distingue – e não o isola – das demais formas de conhecimento, pena de comprometer a adequada interpretação e aplicação concreta das ordens coativas de condutas humanas.

Esclarece Maria Helena Diniz que, "na acepção vulgar, 'ciência' indica conhecimento, por razões etimológicas, já que deriva

59 LARENZ, Karl. Metodologia da Ciência do Direito. Lisboa: Fundação Calouste Gulbekian, 1997, p. 229.

60 A respeito, colhe-se em Guastini que "O trabalho dos juristas dogmáticos é, tipicamente, uma atividade de interpretação, manipulação e sistematização do discurso legislativo. O trabalho dos teóricos, por sua vez, é uma reflexão crítica acerca do discurso dos juristas: exatamente uma metajurisprudência ou filosofia da ciência jurídica. As duas concepções da teoria jurídica ora delineadas, se observam bem, não se excluem reciprocamente: nada impede de acolher ambas conjuntamente, como muitos fazem tacitamente. Diremos então que a teoria jurídica articula-se, a grosso modo, em dois setores de investigação distintos: por um lado, a análise lógica da linguagem legislativa (que inclui a análise estrutural do sistema jurídico); por outro, a análise lógica da linguagem dos juristas (mas também dos outros operadores do direito, especialmente dos juízes). GUASTINI, Riccardo. Das fontes às normas. São Paulo: Quartier Latin, 2005, p. 382.

da palavra latina scientia, oriunda de scire, ou seja, saber. Mas, no sentido filosófico, só merece tal denominação, como veremos logo mais, aquele complexo de conhecimentos certos, ordenados e conexos entre si. A ciência é, portanto, constituída de um conjunto de enunciados que tem por escopo a transmissão adequada de informações verídicas sobre o que existe, existiu ou existirá.

Tais enunciados são constatações. Logo, o conhecimento científico é aquele que procura dar às suas constatações um caráter estritamente descritivo, genérico, comprovado e sistematizado. Constitui um corpo sistemático de enunciados verdadeiros. Como não se limita apenas a constatar o que existiu e o que existe, mas também o que existirá, o conhecimento científico possui um manifesto sentido operacional, constituindo um sistema de previsões prováveis e seguras, bem como de reprodução e inferência nos fenômenos que descreveu." [61]

As teses sobre o direito podem ser de ciência do direito ou de outras ciências sobre o direito. Naquela hipótese, visa a produção do conhecimento jurídico ou puro do direito, tendo por objeto o conjunto de normas jurídicas válidas no ordenamento jurídico brasileiro, valendo-se, como método, da análise das relações internormativas de formação e desenvolvimento, consubstanciando-se a partir duma teoria geral do direito. Sujeita, não é repetitivo frisar, a objeto e método pré-determinados, a saber, o conjunto de normas jurídicas postas no ordenamento brasileiro em vigor, analisadas em suas sistemáticas relações de validade.

61 DINIZ, Maria Helena. Compêndio de introdução à ciência do direito. São Paulo: Saraiva, 2005, p. 14.

Ainda nas linhas iniciais da multicitada obra, Kelsen leciona que "São temas de uma teoria geral do Direito as normas jurídicas, os seus elementos, a sua inter-relação, a ordem jurídica como um todo, a relação entre as diferentes ordens jurídicas, e, finalmente, a unidade do Direito na pluralidade das ordens jurídicas positivas. " E segue, explicitando que "Como o objetivo desta teoria geral do Direito é capacitar o jurista interessa numa ordem jurídica particular, o advogado, o juiz, o legislador ou o professor de Direito a compreender e a descrever de modo tão exato quanto possível o seu próprio Direito, tal teoria tem de extrair os seus conceitos exclusivamente do conteúdo de normas jurídicas positivas".

E segue, "Ela não deve ser influenciada pelas motivações de autoridades legisladoras ou pelos desejos e interesses de indivíduos no tocante à formação do Direito ao qual eles estão sujeitos, exceto na medida em que essas motivações e intenções, esses desejos e interesses, sejam revelados no material produzido pelo processo legislativo." Ao final, arremata: "O que não pode ser encontrado no conteúdo de normas jurídicas positivas não pode fazer parte de um conceito jurídico. A teoria geral [...] está voltada antes para uma análise estrutural do Direito positivo que para uma explicação psicológica ou econômica das suas condições ou uma avaliação moral ou política dos seus fins. [...] Quando essa doutrina é chamada "teoria pura do direito", pretende-se dizer com isso que ela está sendo conservada livre de elementos estranhos ao modo específico de uma ciência cujo único propósito é a cognição do Direito e, não, a sua formação. Uma ciência que precisa descrever seu objeto tal como ele efetivamente é e, não, prescrever como ele deveria ser do ponto de vista de alguns julgamentos de valor específicos. Este último é um problema de política e, como tal, diz respeito à arte do governo, uma atividade voltada para valores, não um objeto da ciência, voltada para a realidade. "[62]

Isto não significa, ao contrário do quanto sustentado por outrem, que os resultados obtidos – e até mesmo a forma científica eleita – sejam a melhor descrição possível desta realidade[63], nem se constituem em verdades absolutas. Muito menos que estejam insuscetíveis a questionamentos e ao exame de falseabilidade[64].

Em prefácio a uma de suas obras referenciais, Maria Helena Diniz chama a atenção que "Ante o grande número de concepções epistemológico-jurídicas que pretendem explicar a ciência do direito, cada qual sob um prisma diverso, concluímos que não se deve aceitar rótulo doutrinário que a circunscreva dentro de certo sectarismo, uma vez que o jurista contempo-

62 KELSEN, Hans. Teoria do Direito e do Estado. São Paulo: Martins Fontes, 1995. p. 1 e 2.

63 DINIZ, Maria Helena. Compêndio de introdução a ciência do direito. São Paulo: Saraiva, 2005, p. 14.

64 Aqui referido no sentido proposto por Karl Popper. De efeito, apesar de sua matriz teórica para a lógica da pesquisa científica ser crítica à positivista, não se crê que a mesma seja, em absoluto, incompatível à forma de pensar o direito a partir do positivismo jurídico. Isto porque, mesmo para um trabalho científico de bases positivistas do direito, como este, que não se pode olvidar que "está longe de ser óbvio, de um ponto de vista lógico, haver justificativa no inferir enunciados universais de enunciados singulares, independentemente de quão numerosos sejam estes; com efeito, qualquer conclusão colhida desse modo sempre pode revelar-se falsa". POPPER, Karl. A lógica da pesquisa científica. São Paulo: Cultrix, 2007, p. 27-28. A intenção de fixar logo no capítulo inaugural as premissas que norteiam o estudo revela a intenção de permitir que o mesmo seja suscetível a teste pelos seus interlocutores, e não apresentar verdades absolutas. Ora, segundo o próprio Popper: "Os velhos positivistas só desejavam admitir como científicos ou legítimos os conceitos (ou noções, ou idéias) que, como diziam, 'derivassem da experiência'". Op. cit. p. 35. Esta não é a prática ora desenvolvida, mas sim elaborar uma teoria e pô-las a prova, sujeito à crítica e corroboração.

râneo tem necessidade de acolher todas as contribuições teóricas, para nelas identificar as diretrizes comuns e essenciais, mediante um trabalho de reflexão e comparação, pois todas as concepções surgidas na história da ciência jurídica, por mais hostis que sejam, trazem sua parcela para o patrimônio geral do conhecimento científico-jurídico. Evitamos o monopólio de uma teoria, visto que os problemas epistemológicos não mais se resolvem por uma especulação abstrata ou por um mergulho no pensamento puro, por ser impossível compreender, em todo o seu alcance científico- filosófico, a ciência do direito sem o recurso a todas as noções fundamentais contidas nas teorias clássicas e modernas. Todavia, reconhecendo que há pontos discutíveis e opiniões prováveis, confessamos que certas posições tomadas pelo nosso espírito advieram de princípios filosóficos assentados como base, por nos parecerem mais expressivos para configurarem a ciência do direito e os conceitos jurídicos fundamentais. "

Precisamente o contrário, exatamente conquanto revele as suas premissas epistemológicas, credencia-se a contribuir para a obtenção dos melhores resultados e mesmo à crítica e à contradição. Esta é a razão de ser da própria distinção entre as diversas formas de pensamento, os variados objetos de estudos, métodos e técnicas utilizáveis.

Por isso mesmo, ao cientista, notadamente o do direito, impõe-se aclarar, no seu mister, as premissas científicas e, se for o caso, filosóficas, que alicerçam as assertivas que se propõe a construir. Neste sentido, sobrelevam-se a sinergia e a distinção entre as ciências entre si, assim como destas face à filosofia.

Sintetiza-se o quanto ora sustentado a partir de dois pressupostos apontados por Miguel Reale ao tratar da sinergia entre filosofia e ciência como condicionante para a evolução do conhecimento: que o critério de valor é imprescindível para ordenar as explicações parciais do real e que os resultados mesmos são suscetíveis de dúvidas. Nestes termos, assevera Reale: "A Filosofia, para ser fiel às conquistas do saber científico, deve ser, antes de mais nada, uma crítica da própria ciência, das condições de sua certeza. Se pretendemos integrar em unidade as diferentes formas de conhecimento, essa integração pressupõe critérios de apreciação e de estimativa, e, mais precisamente, uma indagação sobre a validez universal das ciências e de seus pressupostos lógicos. Donde se deve concluir que a especulação filosófica é sempre de natureza crítica, visando a atingir o valor essencial sobre aquilo que se enuncia sobre os homens e as coisas, e dos atos. Assim sendo, implica, segundo certo prisma, uma consideração de natureza axiológica, o que quer dizer, uma teoria do valor, a começar pelo problema da validade do conhecimento em geral. " [65]

Como visto, diversas críticas à teoria jus-positivista, notadamente àquela pensada por Kelsen, se concentram no dado segundo o qual a mesma retira do direito outras realidades senão a normativa, seja no que tange à atividade do cientista do direito, seja naquela inerente à sua operação pelos seus operadores – notadamente a interpretes autênticos, na terminologia kelseniana.

Contudo, não é a partir desta premissa que deve ser vislumbrada a doutrina positivista ora em debate. Isto porque, em rigor, a mesma não se ocupou de isolar o direito de outros fenômenos sociais, mas apenas de analisá-lo sob o aspecto científico, especialmente no que se refere às peculiaridades que conformam a existência de relevantes notas distintivas do seu

65 REALE, Miguel. Filosofia do Direito. São Paulo: Saraiva, 2000.

conhecimento a ensejar uma disciplina específica, a exigir a demarcação do seu objeto[66] e método[67] próprios.

Isto não significa que o direito não se relacione com outros fatos ou valores, nem mesmo que estes e a ciência do direito não interfiram nas mutações e evolução do direito em si, mas que a atividade do cientista do direito e de concreção são as normas jurídicas válidas que integram o sistema que delimitarão estas ações, sob pena de incidência dum sincretismo metodológico a tornar este conhecimento irracional e sua aplicação imprecisa.

Noutras palavras: o cientista não deve inferir significações do seu objeto de estudo baseadas em elementos exteriores ao sistema que este integra e o operador, de igual modo, não deve exercer a sua atividade a partir de conteúdos estranhos à norma posta validamente.

Diversas passagens da Teoria Pura do Direito comprovam essa assertiva. Por todas, cite-se que, conforme ensinamento de Kelsen, "o direito se constitui primordialmente como um sistema de normas coativas permeado por uma lógica interna de validade que legitima, a partir de uma norma fundamental, todas as outras normas que lhe integram." [68]

E é a exata compreensão da distinção entre o direito – que para Kelsen não é norma, mas sim um fenômeno social que se consubstancia, se revele como ordem prescritiva (coação e sanção) de conduta humana -, a ciência jurídica e a sua concreção (hermenêutica, interpretação e aplicação) que confere a possibilidade de manutenção do equilíbrio do ordenamento jurídico

66 Este objeto é a norma jurídica, cujas peculiaridades serão analisadas no próximo capítulo.

67 Que pressupõe a análise descritiva, hipotético-dedutiva, das relações normativas.

68 KELSEN. Teoria pura do direito, p. 76.

(sistema) e do alcance de sua finalidade última: a estabilização das relações e a pacificação social.

Amaral descortina que "é preciso encarar ainda que, as normas legais existem independentemente de ser aplicadas pelo juiz. Elas são observadas pelos indivíduos a que se dirigem e aplicadas pelos agentes administrativos e negócios jurídicos, respectivamente (...)". Em seguida, sinaliza: "Ressalte-se que o juiz - assim como o agente administrativo – não atua como cientista ou técnico do Direito. Ele faz política jurídica. Ele não descreve normas, nem simplesmente as aplica. Ele cria novas normas, em um processo de concretização do Direito". [69]

Conseguintemente, não se acredita que o conhecimento baseado numa teoria positivista[70] seja capaz de impedir a bus-

69 AMARAL, Antônio Carlos Cintra do. Validade e Invalidade do Ato Administrativo. Revista Diálogo Jurídico, Salvador, CAJ - Centro de Atualização Jurídica, v. I, nº. 8, novembro, 2001. Disponível em: <http://www.direitopublico.com.br/pdf_8/DIALOGO-JURIDICO-08-NOVEMBRO-2001-ANTONIO-CARLOS--CINTRA-AMARAL.pdf>. Acesso em: 10 de março de 2013, p. 5.

70 Aqui vale o alerta de Riccardo Guastini segundo a qual existem três versões do positivismo jurídico. A primeira denomina de científico, cujo cerne é uma aproximação do estudo do direito a partir duma abordagem científica. Este, por sua vez, subdivide-se em positivismo científico normativista, ao mesmo tempo uma teoria do direito - direito é conjunto de normas - e da ciência jurídica – atividade de conhecimento das normas, numa atividade descritiva, cujo objeto exclusivo são as normas jurídicas de direito positivo, e realista, o qual pressupõe que o direito é um conjunto de comportamentos, sendo a ciência jurídica uma ciência que, como qualquer outra ciência social, versa sobre comportamentos. Por fim, esclarece que há uma outra espécie de positivismo jurídico: o legalismo ou formalismo, que não se constitui nem em teoria do direito, nem em ciência jurídica, mas antes uma teoria da moral cujo dogma é a existência de uma obrigação moral de obedecer ao direito existente, sendo certo que, de igual modo ao jusnaturalismo, esta corrente do positivismo trilha que o direito é um sistema de normas obrigatórias ou vinculantes. A despeito das ressalvas que se infere das linhas traçadas alhures, diante da proposta de Guastini, pode-se, a título de esclarecimento dogmático metodológico final, classificar a presente

ca de resultados aptos à solução dos problemas do direito, seja como fenômeno humano, seja como ordem prescritiva e mesmo como uma ciência. Ao contrário! Apenas se entende e registra que o direito tem três facetas, a fenomênica, a normativo-prescritiva e a científica. E, em todas elas, no mínimo, é dever de toda atividade descritiva e prescritiva do direito a revelação prévia da forma de abordagem – seja ela positivista ou não, como um dever do cientista e do aplicador do direito - como indispensável pressuposto para que a informação transmitida seja apta à intelecção e contestação pelos seus destinatários.

Do que se conclui: direito, além de fenômeno social e ordem prescritiva de conduta humana, é ciência, que tem por objeto de estudo a nota distintiva do direito, a saber, a norma jurídica e suas relações.

Por fim, registra-se, ao cabo, que pretendendo apresentar o conceito de direito, de norma jurídica e de princípio jurídico, a presente obra se apresenta como ciência dogmática[71] do direito, enquadrando-se na forma positivista de conhecer o di-

pesquisa no âmbito do positivismo jurídico científico normativista, constituindo-se, em parte, numa teoria geral do direito, em parte em ciência jurídica. GUASTINI, Riccardo. Das fontes às normas. São Paulo: Quartier Latin, 2005, p. 352-354.

71 Dogmática esta em que se acentua as preocupações metodológicas, sobretudo que, ao contrário do que tentam fazer crer outras escolas do pensamento jurídico e da filosofia do direito, não olvida que em outros dados, que não só na norma jurídica, prescritiva, repousa o direito, mas que enquanto Ciência do Direito, tem nesta e suas relações o seu objeto a ser apreendido. A propósito, sob a evolução histórica e uma visão crítica do tema FERRAZ JÚNIOR, Tércio Sampaio. Função social da dogmática jurídica. São Paulo: RT, 1980, p. 19-79, especialmente.p. 75. Confira-se ainda PIRES, Luis Manuel Fonseca e MARTINS, Ricardo Marcondes. Um diálogo sobre a justiça: a justiça arquetípica e a justiça deôntica. Belo Horizonte: Fórum, 2012, especialmente p. 48-49, 151-152 e 246-247.

reito, partindo dos pressupostos de que tem como o objeto as normas jurídicas e respectivo ordenamento, bem como que a exata descrição pressupõe a análise das relações sistemáticas de validade.

2.4. Conceito de direito

Do quanto até aqui exposto, uma questão restou demonstrada, a de que abrolha para o estudioso do direito a incumbência de discernir o entendimento do direito em suas variadas acepções: enquanto um dado da realidade, um fenômeno humano ou social, objeto de conhecimento e estudo pelas mais variadas ciências; como ordem de conduta humana, distinta das demais por ser prescritiva; finalmente, como ciência, dotada de objeto e os métodos específicos.

Dito isto, o direito é, por uma questão de gênero, inexoravelmente relacionado com a moral, a religião, a política, a sociologia, a filosofia, enfim, tudo aquilo que é do homem e suas relações. Além disso, por uma questão de classe, ou de espécie, a ordenação oriunda do direito se liga a tantas outras, notadamente com a moral, a religião e a política, porque são todas normação de comportamento. Finalmente, por uma racionalidade metodologicamente demonstrada e falseável, é ciência, que se relaciona com outras, mas tem identidade própria, sendo pura, estritamente falando.

Assim, como fenômeno humano e ordem de comportamento, o direito pode se confundir – e se confunde e/ou interpenetra-se – com conceitos – também no âmbito fenomênico - de justiça ou do que é justo, de e/ou o que é moral e imoral, politicamente correto e incorreto, eticamente reprovável ou aceitável, entre outros. Todavia, como ordem prescritiva e como ciência, assume autonomia – relativa, pois ainda assim se relaciona -, tem propriedades, elementos, métodos, operação próprios, que nenhum outro fenômeno humano goza.

Pelo que se conceitua o direito em dois planos epistemológicos: um fundado no seu gênero remoto, isto é, o ser fenômeno social / humano, no seu gênero próximo, a saber, ser ordem normativa de comportamento, e na sua nota distintiva, ser prescritivo, porque prescritivo-sancionador; outro fundamentado no plano científico.

No primeiro corte, define-se o direito como o fenômeno social ou humano, de ordenação prescritiva de comportamentos. No segundo, como a ciência que tem por objeto de estudo a norma jurídica ou de direito e suas relações.

Parte III

A NORMA JURÍDICA

3.1. característica, relevância e conceito de norma jurídica

Consoantemente revelado alhures, o direito assume posições que, a um só tempo, situam-no como ciência e objeto de outras ciências. Pode ser compreendido, em sentido mais amplo, como um fenômeno social, ínsito às relações humanas, posição que lhe insere nas investigações das ciências humanas e mesmo da filosofia. Mas guarda particularidades que o elevam à categoria de ciência, com objeto e método próprios, o que, enquanto marcos teóricos, não permitem – ao contrário, esclarecem – o sincretismo entre a atividade de descrever e de operar – interpretar e aplicar – as normas jurídicas – estas elementos fundamentais que compõem o direito.

Esclarece Kelsen[1] que

> na afirmação evidente de que o objeto da ciência jurídica é o Direito, está contida a afirmação - menos evidente - de que são as normas jurídicas o objeto da ciência jurídica, e a conduta humana só o é na medida em que é determinada nas normas jurídicas como pressuposto ou consequência, ou - por outras palavras - na medida em que constitui conteúdo de normas jurídicas.

---

1 KELSEN. Teoria pura do direito, p. 50.

Daí porque, após aclarar as diversas facetas ínsitas ao conhecimento jurídico, imperioso se debruçar sobre aquilo que acomoda sua nota característica, a saber, a norma jurídica, sua composição e suas relações, imprescindíveis ao conhecimento e operação jurídica.

Explica Lourival Vilanova[2]:

> Examinando-se os textos onde a teoria pura do direito tem feito a distinção entre norma jurídica (Rechatnorm) e proposição jurídica (Rechatssatz), vê-se que se estriba nos seguintes pontos: I – a norma jurídica provém do fato do costume, ou do ato de legislador (em sentido amplo); a proposição jurídica procede do ato cognoscente, da Ciência do Direito; II – o modo-de-referência (semântico) da norma jurídica é prescritivo de possíveis fatos de um universo-de-fatos; o modo-de-referência das proposições jurídicas é o descritivo de fatos; III – conseqüentemente os valores de normas diferem dos valores de proposições: umas, válidas ou não-válidas; outras, verdadeiras ou falsas.

Miguel Reale[3], que mesmo sendo adepto da teoria tridimensionalista, sempre reconheceu pontos de convergência ao positivismo, bem sinaliza a inequívoca importância da norma, ao mencionar que:

2 VILANOVA, Lourival. Norma Jurídica*:* Proposição Jurídica. VI Vol. São Paulo: Revista de Direito Público, RT, p. 12.

3 REALE, Miguel. Lições Preliminares de Direito. São Paulo, Saraiva, 1998, p. 65.

> Onde quer que haja um fenômeno jurídico, há, sempre e necessariamente, um fato subjacente (fato econômico, geográfico, demográfico, de ordem técnica, etc); um valor, que confere determinada significação a esse fato, inclinando ou determinando a ação dos homens no sentido de atingir ou preservar certa finalidade ou objetivo; e, finalmente, uma regra ou norma, que representa a relação ou medida que integra um daqueles elementos ao outro, o fato ao valor

Neste sentido, recorre-se, novamente, aos ensinamentos de Lourival Vilanova[4]:

> Se uma norma foi posta, para ser norma jurídica, constituir-se-á de duas proposições: a primeira fixa as relações jurídicas ou situações jurídicas decorrentes da verificação ou não-verificação (fato não--ocorrente, omissivo) de fatos que são fatos jurídicos justamente porque provocam tais efeitos jurídicos; a segunda, fixa as conseqüências para os sujeitos no caso de não seguirem o que está preceituado na norma antecedente. (...). Se se descumpre a norma primária, ingressa-se na órbita de incidência da norma secundária sancionadora.

Verdadeiro imperativo-autorizante. Este é o conceito de norma jurídica[5] adotado, entre outros, por Maria Helena Diniz.

---

4 VILANOVA. As estruturas lógicas e o sistema de direito *positivo*, p. 126.

5 O conceito de norma jurídica não é uníssono. Muito já se divagou sobre o tema, sem que se alcançasse um único conceito aceito por todos, sem

Ao tratar do tema, após destacar estar-se diante de um problema de essência, clareia:

> A norma jurídica traça, objetivamente, as fronteiras entre o lícito e o ilícito jurídico. Ela não encerra a coação ou a coatividade como essências, mas as autoriza e condiciona. Só com o autorizamento da norma jurídica fica o lesado autorizado a coagir o violador da norma a cumpri-la ou a reparar o mal por ele produzido.

---

restrições. Este pensamento é alvo de severas objeções. A principal delas consiste na argumentação de que no sistema jurídico haveria normas que o jurista reconhece como jurídicas e que, não obstante, não têm sanção. Isto porque, conquanto as normas jurídicas sejam coercivas, nem por isso são necessariamente coativas. Explicita Tércio Sampaio Ferraz, em sua introdução ao estudo do direito: "A coercibilidade seria uma característica que diz respeito à suscetibilidade de aplicação da coação. Ora, isso nem sempre ocorre – há normas, por exemplo, de direito internacional que não são coercivas naquele sentido – o que nos faz pensar que não há relação automática entre coercibilidade e sanção castigo. A coercibilidade tem antes a ver com a relação de autoridade institucionalizada. Por todas estas razões, a dogmática analítica contemporânea tende a excluir a sanção como elemento necessário da norma. Depois de discutir se, assim como a sanção, também seriam elementos caracterizadores da norma a sua generalidade, seu caráter abstrato e a bilateralidade, o citado autor conclui que "...podemos dizer que a dogmática analítica capta a norma jurídica como um imperativo despsicologizado. Para evitar confusões com a idéia de comando, melhor seria falar em um diretivo vinculante, coercitivo, no sentido de institucionalizado, bilateral, que estatui uma hipótese normativa (*facti species*) à qual imputa uma conseqüência jurídica (que pode ser ou não uma sanção), e que funciona como critério para tomada de decisão (decidibilidade)". FERRAZ JÚNIOR, Tércio Sampaio. Introdução ao Estudo do Direito. São Paulo: Editora Atlas, 2000, p. 49, 120-122. Já Eros Grau a conceitua como sendo "... o preceito abstrato, genérico e inovador – tendente a regular o comportamento social de sujeitos associados – que se integra no ordenamento jurídico. " GRAU, Eros Roberto. A Ordem Econômica na Constituição de 1988. São Paulo. Malheiros, 2005.

Continua pontificando que:

> deixando de lado os elementos acidentais, atingem-se suas notas essenciais: a imperatividade e o autorizamento. O elemento 'imperativo' revela seu gênero próximo, incluindo-a no grupo das normas éticas que regem a conduta humana, diferenciando-as das leis físico-naturais, e o 'autorizante' indica sua diferença específica, distinguindo-se das demais normas, pois só a jurídica tem este caráter.

Ao final, ensina:

> A norma jurídica é imperativa porque prescreve as condutas devidas e os comportamentos proibidos e, por outro lado, é autorizante, uma vez que permite ao lesado pela sua violação exigir o cumprimento, a reparação do dano causado ou ainda a reposição das coisas ao estado anterior. Por conseguinte, a norma jurídica se define, como ensina Goffredo Telles Jr., 'imperativo-autorizante'. Conceito este que é, realmente, essencial, pois constitui a síntese dos elementos necessários que fixam a essência da norma jurídica. Esta, sem qualquer um destes elementos eidéticos, afigura-se incompreensível. Deveras uma norma jurídica que careça do autorizamento será uma norma moral, e sem a nota da imperatividade, apenas uma lei física.[6]

6 DINIZ. Conceito de norma jurídica como problema de essência, p. 134.

Nos termos didáticos de Paulo de Barros Carvalho[7], norma jurídica

> é o sentido de um ato através do qual uma conduta é prescrita, permitida ou, especialmente, facultada, no sentido de adjudicada à competência de alguém. Neste ponto importa salientar que a norma, como o sentido específico de um ato intencional dirigido à conduta de outrem, é qualquer coisa de diferente do ato de vontade cujo sentido ela constitui. Na verdade, a norma é um dever-ser e o ato de vontade de que ela constitui o sentido é um ser. [...] A primeira parte refere-se a um ser, o ser fático do ato de vontade; a segunda parte refere-se a um dever-ser, a uma norma como sentido do ato. [...]. Ninguém pode negar que o enunciado: tal coisa é – ou seja, o enunciado através do qual descrevemos um ser fático – se distingue essencialmente do enunciado: algo deve ser –com o qual descrevemos uma norma.

Assim se compendia, com apoio nos citados ensinamentos, notadamente em Maria Helena Diniz[8], os caracteres que

7 CARVALHO, Paulo de Barros. Curso de Direito Tributário. São Paulo: Saraiva, 2004, p. 8.

8 DINIZ, Maria Helena. Na sequência dessa sua obra, a autora, como outros, apresenta importante classificação das normas jurídicas. Na útil proposição da citada autora, quanto à imperatividade, as normas jurídicas podem ser impositivas (ou de imperatividade absoluta), ordenando a ação ou abstenção de conduta, sem qualquer alternativa ou opção diferenciada, ou dispositivas (de imperatividade relativa), que por sua vez subdividem-se em permissivas, supletivas ou também impositivas por interpretação doutri-

permitem identificar as normas jurídicas através de critérios que norteiam a sua diferenciação, sintetizados a partir das seguintes qualidades: imperatividade, autorizamento, hierarquia, natureza de suas disposições, aplicação concreta, quanto ao poder de autonomia legislativa e sistematização.

---

nária ou jurisprudencial. Já no que se refere ao autorizamento, classificam-se em mais que perfeitas (que autorizam duas sanções - nulidade do ato e restabelecimento do status quo, com aplicação de pena ao violador), perfeitas (autorizam a declaração do ato que as viola, mas não a aplicação de pena ao violador), menos que perfeitas (autorizam a aplicação de pena ao violador, mas não a nulidade do ato) e imperfeitas (cuja violação não acarreta qualquer consequência jurídica). No que tange à hierarquia, a autora as classifica como normas constitucionais, leis complementares, leis ordinárias, delegadas, medidas provisórias, decretos legislativos e resoluções, decretos regulamentares, normas internas e normas individuais. Noutro giro, pela natureza das suas disposições as normas podem ser substantivas (definem e regulam relações jurídicas, criam direitos e impõem deveres - normas de direito material) e adjetivas (regulam o modo ou processo de efetivar as relações jurídicas - normas de direito processual). Outrossim, no que pertinente à aplicação, podem ser classificadas em de eficácia absoluta (insuscetíveis de emenda e com força paralisante total da lei que as contraria), de eficácia plena (apresentam todos os requisitos necessários para disciplinar as relações jurídicas), de eficácia relativa restringível (de aplicabilidade imediata, mas passíveis de redução de sua eficácia pela atividade legislativa - eficácia limitada), e de eficácia relativa complementável (possibilidade mediata de produzir efeitos, dependendo de norma posterior - eficácia contida). Finalmente, as classificações quanto ao poder de autonomia legislativa, onde as normas podem ser nacionais e locais (embora oriundas da mesma fonte legiferante, podem vigorar em todo o país ou só em parte dele), federais, estaduais e municipais (conforme se tratem de leis da União, dos Estados federados ou dos municípios); e quanto à sistematização:esparsas ou extravagantes (se editadas isoladamente), codificadas (corpo orgânico sobre certo ramo do direito em códigos) e consolidadas(reunião de leis esparsas vigentes sobre determinado assunto). DINIZ, Maria Helena. Compêndio de introdução à ciência do direito. São Paulo: Saraiva, 1991, p. 345-352.

Neste passo, imperioso retomar Kelsen[9] para fixar que

> As proposições ou enunciados nos quais a ciência jurídica descreve estas relações devem, como proposições jurídicas, ser distinguidas das normas jurídicas que são produzidos pelos órgãos jurídicos a fim de por eles serem aplicadas e serem observadas pelos destinatários do Direito. Proposições jurídicas são juízos hipotéticos que enunciam ou traduzem que, de conformidade com o sentido de uma ordem jurídica - nacional ou internacional - dada ao conhecimento jurídico, sob certas condições ou pressupostos fixados por esse ordenamento, devem intervir certas conseqüências pelo mesmo ordenamento determinadas as norma*s* jurídicas, por seu lado, não são juízos, isto é, enunciados sobre um objeto dado ao conhecimento. Elas são antes, de acordo com o seu sentido, mandamentos e, como tais, comandos, imperativos. Mas não são apenas comandos, pois também são permissões e atribuições de poder ou competência. Em todo o caso, não são - como, por vezes, identificando Direito com ciência jurídica, se afirma - instruções (ensinamentos).

Abaliza-se que

> Uma norma jurídica não vale porque tem um determinado conteúdo, quer dizer, porque o seu conteúdo pode ser deduzido pela vida de um raciocínio lógi-

9 KELSEN. Teoria pura do direito, p. 80-81.

> co do de uma norma fundamental pressuposta, mas porque é criada por uma forma determinada [...]. Por isso, e somente por isso, pertence ela à ordem jurídica cujas normas são criadas de conformidade com esta norma fundamental. Por isso, todo e qualquer conteúdo pode ser Direito. Não há qualquer conduta humana que, como tal, por força do seu conteúdo, esteja excluída de ser conteúdo de uma norma jurídica.[10]

Portanto, a norma se integra ao ordenamento vigente, se for respeitado o procedimento estabelecido para sua criação, assim como as demais condições fixadas pelo próprio sistema jurídico.[11] Estas são o objeto, dentre outros, do trabalho científico do jurista, assim compreendidas como inclusas no ordenamento jurídico em vigor - e não as mais variadas, instáveis e não coativas que podem ser encontradas em cada um dos integrantes da sociedade, por suas influências morais, territoriais, culturais etc., ou de suas instituições, religiosas, educacionais, políticas etc.[12]

---

10 KELSEN. Teoria pura do direito, p.139.

11 As mais importantes condições que devem ser respeitadas são as seguintes: a competência conferida a uma autoridade ou pessoa para a criação de certa espécie de normas, o procedimento de edição (tramitação regular, maiorias, prazos, registros, formas de publicidade etc.), os limites temporais e espaciais de validade e as regras que permitem resolver casos de incompatibilidade entre o conteúdo das normas (antinomias jurídicas). Isso ocorre mediante aplicação da regra que impõe a congruência de cada norma com as suas superiores (e das regras que permitem decidir qual entre as normas conflitantes do mesmo escalão hierárquico deverá prevalecer. DIMOULIS, Dimitri, Positivismo jurídico: introdução a uma teoria do direito e defesa do pragmatismo jurídico-político. São Paulo: Método, 2006, p. 114.

12 Não se pretende sustentar essa ou qualquer outra definição de norma jurídica como única possível, mas apenas como útil aos fins que se pretende

Disto infere-se que

> reconhecer que as normas jurídicas, sejam elas enunciativas de formas de ação ou comportamento, ou de formas de organização e garantia das ações ou comportamentos, não são modelos estáticos e isolados, mas sim modelos dinâmicos que se implicam e se correlacionam, dispondo-se num sistema, no qual umas são subordinantes e outras subordinadas, umas primárias e outras secundárias, umas principais e outras subsidiárias ou complementares, segundo ân-

nesse trabalho, seja porque, como exige o trabalho científico, se fixa o objeto e também porque deixa claro ao interlocutor as premissas que lhe dão substrato, permitindo-lhe a contrariedade, o exame, o falseamento. Não poderia ser diferente, mesmo porque as definições no campo do normativo-jurídico encontram-se distantes da homogeneidade. Por conseguinte, se podem identificar diversos tipos de normas, como fazem ALCHOURRÓN e BULYGIN, citando VON WRIGHT. Distinguem seis tipos, sendo três principais (prescrições, regras técnicas e regras determinativas) e três secundárias ou intermediárias (que seriam as normas morais, os costumes e as regras ideais). Em seguida, declara que estes critérios são discutíveis, cabendo ao pesquisador do direito adotar outras classificações, dada a ambiguidade do termo e da essência da norma jurídica. ALCHOURRÓN, Carlos y BULYGIN, Eugenio. Sobre la existencia de las normas jurídicas. México: Distribuciones Fontamara, 1997, p. 17. O termo "norma", afirma-se, é daqueles que, além das discussões de conteúdo, enfrentam o problema da polissemia, por sua multiplicidade de significados. Mesmo que venhamos a restringir seu significado, acrescentando-lhe um complemento e tornando-o um termo composto, como propõem os autores acima (no caso, norma de conduta, ou mesmo norma jurídica), ainda assim restará um laivo de imprecisão, dada a largueza semântica, que continua a comportar ambiguidades. Tércio Sampaio Ferraz Júnior, citando Lautmann, informa que só no âmbito sociológico, houve quem já contasse oitenta e duas definições de norma. Ferraz Júnior, Tercio Sampaio. Teoria da Norma Jurídica. Rio de Janeiro, Forense, 1999, p. 36.

gulos e perspectivas que se refletem nas diferenças de qualificação verbal.[13]

Conceitua-se a norma jurídica como o ato de ordenação da conduta humana, devidamente produzido na forma prevista pela norma base – invariavelmente pela autoridade competente - caracterizada, em sua essência, pela imperatividade ou prescritibilidade, isto é, por ser, simultaneamente, coativa e sancionadora, notas estas distintivas do substrato das demais normas de conduta social.[14]

3.2. O ordenamento jurídico como um sistema de normas

Já restou consignado que o direito é fato social marcado por se destinar à ordenação da conduta humana, qualifica-se por deter as normas jurídicas como componente peculiar e fundamental. Normas jurídicas estas estruturadas em relações conjugadas, também já foi dito, cuja existência e operação

13 REALE, Lições preliminares de direito, p. 108.

14 Isto é, segundo o ordenamento jurídico posto, não sendo verificado o comportamento prescrito na norma jurídica, deverá ser aplicada a sanção prevista, em geral uma disgra aplicada mesmo contra a vontade do destinatário, isto é, de forma coativa, porque compulsoriamente e, se for necessário, com o emprego da força. A norma jurídica é particular dado essa relação entre sanção e coação, donde se extrai a sua imperatividade, a noção de prescrição, de dever jurídico. Nas próprias missivas de Kelsen, "o Direito impõe uma conduta determinada somente por ligar à conduta contrária um ato de coação como sanção, de modo que uma certa conduta somente depois de juridicamente `imposta` pode ser considerada como conteúdo de um `dever jurídico`, quando o oposto é a condição à qual uma norma liga uma sanção" KELSEN, Hans. Teoria Geral das Normas. Porto Alegre: Sérgio Fabris, 1986, p. 182.

pressupõem inequívoca concatenação, razão pela qual deve ser concebida a partir da noção de sistema.

Neste sentido, relevante a concepção de ordenamento jurídico, a partir da exata compreensão do direito como um sistema de normas, com repercussão para o conhecimento e a operação dos elementos que compõem esta estrutura.

Muitos reputam à Teoria Geral dos Sistemas, de Ludwig Von Bertalanffy, o marco no que diz respeito à transcendência de fronteiras disciplinares relacionadas ao tema. Segundo o citado autor, em preâmbulo a sua obra[15]

> A teoria geral dos sistemas tem por fim identificar as propriedades, princípios e leis característicos dos sistemas em geral, independentemente do tipo de cada um, da natureza de seus elementos componentes e das relações ou forças entre eles. Um sistema se define como um complexo de elementos em interação, interação essa de natureza ordenada (não fortuita). Tratando das características formais das entidades denominadas sistemas, a teoria geral dos sistemas é interdisciplinar, isto é, pode ser usada para fenômenos investigados nos diversos ramos tradicionais da pesquisa científica. Ela não se limita aos sistemas materiais, mas aplica-se a qualquer todo constituído por componentes em interação.

15 BERTALANFFY, Ludwig Von. Teoria geral dos sistemas. Petrópolis: Vozes. 1973, p.1.

Desde então, não se pode olvidar a relevância do tema para o conhecimento em geral, notadamente daqueles ínsitos às ciências sociais[16].

No âmbito da ciência do direito, após apontar a existência de quatro problemas relacionados à teoria dos sistemas jurídicos (da existência, da identidade, da estrutura e do conteúdo), bem como que os mesmos têm sido negligenciados por praticamente todos os juristas analíticos, alerta Raz[17] que a adequada compreensão – ou, acresce-se, no mínimo delimitação – do que consubstancia um sistema jurídico é pré-requisito para qualquer definição de lei, de norma jurídica e de todas as suas derivações.

O termo sistema tem múltiplos significados. Incluem-se nestes os de "combinação de partes coordenadas para um mesmo resultado, ou de maneira a formar um conjunto", "conjunto de elementos relacionados entre si de modo coerente", "conjunto organizado de princípios coordenados de modo a formar um todo científico ou um corpo de doutrina" e "conjunto de procedimentos, de práticas organizadas, destinadas a assegurar uma função definida".[18]

Para Canotilho[19], o sistema é o conjunto de elementos em interação, organizado em totalidade, que reage às interações

16 Como bem elucida Luhmann: "Para poder observar, a própria ciência necessita estar constituída como sistema: com um conjunto específico de comunicações, precauções institucionais, e hierarquia de valores. " LUHMANN, Niklas. Introdução à Teoria dos Sistemas. Rio de Janeiro: Vozes, 2009, p. 18.

17 RAZ, Joseph. O conceito de sistema jurídico: uma introdução à teoria dos sistemas jurídicos. São Paulo: Editora WMF Martins Fontes, 2012.

18 Grande Dicionário Larousse Cultural da Língua Portuguesa. São Paulo: Nova Cultural, 1999, p. 832.

19 CANOTILHO. J. J. Gomes. Direito Constitucional. Coimbra: Almedina, 1993, p. 45.

de tal forma que, quer no âmbito dos elementos constitutivos, quer no âmbito do conjunto, aparecem fenômenos e qualidades novas não reconduzíveis aos elementos isolados ou à sua simples soma.

Já para Tércio Sampaio Ferraz Júnior[20],

> o conceito de sistema para a Ciência Jurídica, no fim do século XVIII, no jusnaturalismo se resumia na noção de um conjunto de elementos ligados entre si pelas regras de dedução, entendendo-se com isto a unidade das normas a partir de princípios dos quais eram deduzidas. Interpretar o Direito significava então a inserção da norma em tela na totalidade do sistema.

Robert Alexy[21], por sua vez, define os sistemas jurídicos como sistemas normativos e como sistemas de procedimentos. Nesta hipótese, configura-se em ações, fundadas em regras e direcionadas por regras, a partir das quais as normas são promulgadas, fundamentadas, interpretadas, aplicadas e impostas. Naquela, representa-se por resultados daquelas ações que criam normas.

Entende-se, com Bobbio[22], que sistema para o direito é duma totalidade ordenada, um conjunto de entes, de partes

---

20 FERRAZ JÚNIOR, Tércio Sampaio. A Ciência do Direito. São Paulo: Atlas, 1977, p.69. Cf. Id. Conceito de Sistema no Direito: uma investigação histórica a partir da obra jusfilosófica de Emil Lask. São Paulo: Editora da Universidade de São Paulo; Ed. Revista dos Tribunais, 1976.

21 ALEXY, Robert. Conceito e validade do direito. São Paulo: Editora WMF Martins Fontes, 2009, p. 29-30.

22 BOBBIO, Norberto. Teoria do ordenamento jurídico. Brasília: Editora Universidade de Brasília. 6ª ed. 1995. p. 21.

entre as quais existe ordenamento, uma concatenação, isto é, conjunto de normas em que "não estejam somente em relacionamento com o todo, mas que exista coerência entre si. Pensar o direito como sistema é fornecer critérios de pertinência das normas que compõem a ordem jurídica, já que o que define um conjunto como sistema são as relações entre seus membros, ou seja, a estrutura do conjunto, pelo estabelecimento de sua pertinência ao sistema."

Mais uma vez, com Lourival Vilanova, pontua-se que

> O direito positivo, sempre historicamente individualizado pelo substrato social a que responde, como contrapartida normativa, tem estruturas de diversos tipos. Em conjunto, é uma estrutura social, inseparável o suporte factual e a capa normativa, pois não há fato social sem normatividade. É um sistema social, e dentro do sistema global que é a sociedade, cumpre a função de um subsistema ou sistema-parte desse todo.[23]

Ainda na acolhida lição do citado autor

> Entre as estruturas, há aquelas que residem no fato de o direito ser um produto objetivo da cultura, fixado num sistema de linguagem. E na linguagem encontramos, pondo de parte as estruturas meramente gramaticais, as estruturas lógicas ou formais. Assim, o direito positivo se não é, tende a ser um sistema.

23 VILANOVA. As estruturas lógicas e o sistema de direito positivo, p. 86-87.

> Não é mero agregado de proposições normativas, simples justaposição de preceitos, caótico feixe de normas. A própria finalidade que tem de ordenar racionalmente a conduta humana sujeita-o às exigências da racionalidade, de que a lógica é a expressão mais depurada. É da ordem da práxis, sem deixar de pertencer à razão prática.[24]

Por isso, baseado nesta preleção, assume-se que o direito estrutura-se como ordenamento jurídico, assim compreendido como um sistema, verdadeiro conjunto de normas jurídicas, onde "o ser-sistema é a forma lógica mais abrangente. As partes são as proposições. Onde há sistema há relações e elementos, que se articulam segundo as leis...".[25]

Assim sendo, o Direito para além de fenômeno histórico-cultural, de realidade ordenada, é ordenação normativa da conduta segundo uma conexão de sentido.[26]

Vale dizer, suas normas estatuem atos de coação atribuíveis à comunidade jurídica quando uma situação de fato é juridicamente relevante, porque, se não regulada, pode trazer consequências nocivas à sociedade.[27] Normas jurídicas que se constituem no objeto específico desta ciência e, conforme lição recorrente, nunca podem ser examinadas isoladamente.[28]

---

24 Idem.

25 Ibidem.

26 SILVA. Curso de direito constitucional positivo, p. 33. Também, neste sentido, VILANOVA. As estruturas lógicas e o sistema de direito positivo, p. 223.

27 Ver KELSEN. Teoria pura do direito, especialmente o Capítulo I.

28 KELSEN. Teoria pura do direito, p. 52. Ainda neste sentido, resguardadas as peculiaridades e objeto de cada obra, calha a lição de Eros Grau, para quem "Devemos reconhecer o direito como um sistema, o que o transforma em

Neste diapasão a norma jurídica assume lugar proeminente, seja enquanto objeto da ciência do direito, conquanto parte integrante do sistema jurídico e como ato incidente sob as condutas, as relações humanas, inclusive sob aquelas pertinentes à sua operação, aqui consideradas como produzidas pelos intérpretes e pelos aplicadores da norma.

Logo, além de precisar as definições afetas à ciência do direito, o seu objeto e a diferença - apesar da intelecção - destas com a sua hermenêutica - assim considerada a ciência específica que se debruça sobre as atividades posteriores de interpretar e aplicar o direito, este trabalho, que pretende se debruçar sobre os princípios jurídicos, não pode vir a lume sem dedicar especial atenção e delimitar o que entende exatamente por norma jurídica e em que consiste o seu sistema, pois que, repise-se, é o elemento catalisador destas intersecções, consoantemente demonstrado alhures.

Portanto, considerando o conceito de norma jurídica e que esta é sempre parte de um todo, a solução para os problemas de ciência do direito a serem investigados - a delimitação do conteúdo jurídico das ordenações de conduta humana oriundas do direito - parte do pressuposto de que estas integram um sistema normativo, situando-se no plano não apenas de uma única norma jurídica, a ser conhecida isoladamente, mas sim como parte de um conjunto de normas inter-relacionadas e cujo conhecimento em sua inteireza é requisito para a investigação

objeto de um pensar sistemático, e, em especial, permite-nos interpretá-lo no contexto sistemático, ou seja, sistematicamente". GRAU, Eros Roberto. O direito posto e o direito pressuposto. São Paulo: Malheiros, 2005, p. 23.

do seu comando prescritivo e consequente delimitação do seu sentido e alcance em tese e em cada caso concreto.[29]

29 Registre-se que aqui ocorre uma limitação ao corte metodológico ínsito a uma ciência pura do direito. Este, como toda outra ordem social e normativa, requer atos volitivos de aplicação e interpretação, os quais, por sua vez, envolvem subjetividades relacionadas a história, formação, religião e outros elementos que formam a ética do sujeito intérprete / aplicador, como ocorre com todo ato humano de igual natureza. Quer se dizer que estes atos, diretamente relacionados e necessários ao direito, e de incidência em múltiplos fenômenos da vida humana, o que torna estes atos – de aplicação e interpretação de um dado, como a norma jurídica - objeto de uma ciência que, como outras, tem interface com a ciência do direito. Refere-se, aqui, à hermenêutica, cujo objeto é o estudo das técnicas, métodos, sistemas, mecanismos, estruturas e demais meios de aplicação e interpretação de algo. Surge, quando direcionada a norma jurídica, a denominada Hermenêutica Jurídica, sub-ramo da ciência da Hermenêutica a qual, por não ser tema da ciência pura do direito, ou, noutras palavras, objeto próprio, peculiar e exclusivo da ciência do direito, não será tratada neste trabalho.

Parte IV

OS PRINCÍPIOS JURÍDICOS

4.1. O princípio como espécie do gênero normas jurídicas

Não há unicidade científica e muito menos filosófica quanto ao conceito de direito e de norma jurídica, dada a complexidade destes institutos. Isto já foi, em larga medida, apontado no capítulo de abertura deste livro e, conforme explicitado, confirma a sapiência da metodologia positivista kelseniana: a de, a partir da identificação das suas notas distintivas, definir a norma jurídica como objeto da ciência do direito, como forma de aclarar e cientificar o conhecimento destas questões.

Fixada essa premissa, para a intelecção do conteúdo normativo de um dado ordenamento jurídico, deve o estudioso do direito se debruçar sobre o conjunto de normas vigentes no plexo social sob análise, permitindo-se construção descritiva das suas proposições metodologicamente aptas.

Nesta análise, constata-se que, apesar de dotadas de caracteres comuns, existem formas de expressão que implicam em certas classes especiais dentro do gênero norma jurídica.

Isto porque, enquanto ordem de conduta humana, portanto na condição de fenômeno humano e, a um só tempo, delimitador, condicionador da vida em sociedade, a norma jurídica acaba por absorver a própria complexidade ínsita a tudo aquilo relacionadas às relações humanas e, por conseguinte, precisa ter variações representativas que permitam a inserção desta complexidade ao seu bojo, para que possa cumprir o seu mister.

Não se pode desconhecer a corriqueira lição de que *"os problemas da Dogmática não se resolvem pela taxonomia"*[1] ou aquela que consagra não serem "as definições ou classificações verdadeiras ou falsas, mas úteis ou inúteis" na medida em que sirvam ou não à consecução do fim a que se propõem[2]. Ocorre que, esta distinção taxonômica, apesar de não solucionar, em definitivo, as diversas interrogações relacionadas ao conhecimento, apreensão, interpretação e aplicação da norma jurídica, a divisão da norma jurídica em espécies é fecunda em permitir a melhor compreensão da espécie.

Diversos autores, sob os mais variados fundamentos, justificativas e bases de pesquisa, se propuseram a definir as espécies normativas; dentre esses alguns obtiveram grande repercussão doutrinária. O escopo deste estudo não é tratar da definição e diferenciação das referidas espécies de forma pormenorizada ou aprofundada e nem mesmo propor novas classes. Apenas mostrar que a noção de princípio jurídico perpassa pela problemática anterior de se classificar a norma jurídica e, assim, busca-se neste momento, comprovar a sua natureza – normativa, como aqui se sustenta, com espeque em premissas comuns a outras categorias já conhecidas, parte de sua substância, de sua essência.

---

1 ALVIM, Agostinho. Estudos e Pareceres de Direito Tributário, vol. 2/15. São Paulo: Ed. RT, 1978, 1978, p. 29.

2 São as profícuas lições de Genaro Ruben Carrió, para quem: "as classificações não são verdadeiras nem falsas, são úteis ou inúteis: suas vantagens estão submetidas aos interesses de quem as formula e à sua fecundidade para apresentar um campo de conhecimento de maneira mais facilmente compreensível ou mais rica em conseqüência prática desejáveis (...). Sempre há múltiplas maneiras de agrupar ou classificar um campo de relações ou fenômenos; o critério para escolher uma delas não está circunscrito senão por considerações de conveniência científica, didática ou prática". CARRIÓ. Notas sobre derecho y lenguaje, p. 72-73.

Para tanto, face mesmo de dispor quanto ao espectro de incidência, a produção de efeitos, a abrangência e a indicação de caracteres qualitativo, sobretudo pela interferência na funcionalidade das normas, elege-se, doravante, a classificação das normas jurídicas que distingue estas em normas-regras e normas-princípios.

Infere-se, de logo, que são princípios jurídicos ou de direitos, aqueles que tem relevância jurídica estrita.

Implica-se, então, na análise e estudo do princípio jurídico nas acepções de direito como ordem prescritiva e sob a ótica da ciência do direito. Com esse norte, necessariamente associado à condição de norma jurídica, de rigor, com ordenação de conduta humana, dotada do elemento prescritivo ou coação--sanção e posicionada dentro de um sistema concatenado de normas juridicamente válidas.[3]

3 Há mesmo diversas outras formas de classificação das normas jurídicas. Uma delas parte do pressuposto do seu nível organizacional dentro do sistema, subdividindo-as em normas constitucionais, infraconstitucionais ou legais, e infralegais. Kelsen cuida das normas gerais e das normas individuais, além das normas primárias e secundárias. Destas também se ocupou Hart, na busca o fundamento do sistema jurídico mediante a união de regras primárias e secundárias. As regras primárias, na teoria de Hart, seriam as instituidoras de obrigações. As regras secundárias seriam regras de reconhecimento. Hart, Herbert L. A. O Conceito de Direito. Lisboa, Calouste Gulbenkian, 2001. p.101-135. Nas palavras do autor, "num moderno sistema jurídico, em que existe uma variedade de fontes do direito, a regra de reconhecimento é correspondentemente mais complexa: os critérios para identificar o direito são múltiplos e comumente incluem uma constituição escrita, a aprovação por uma assembléia legislativa e precedentes judiciais". Op. cit., p. 112. Na sua proposição, Kelsen atribuí a qualidade de primária às normas dotadas de previsão sancionatória e de secundárias aquelas que apenas contêm o comportamento a ser permitido, proibido, facultado ou a competência a ser outorgada, podendo ambas estarem ou conjugadas em uma só prescrição. Atualmente, segundo FERRAZ JUNIOR, verifica-se que se utiliza para fins classificatórios o critério da relação in-

clusiva: se uma norma tem por objeto outra norma, ela é secundária; se tem por objeto a própria ação, é primária. Por oportuno, no âmbito da doutrina brasileira, merece registro a proposição classificatória deste autor que parte da eleição do critério semiótico (assim considerada a teoria dos signos – signos linguísticos das palavras), envolvendo as noções de relação sintática, semântica e pragmática. Assim, 1uanto aos critérios sintáticos, o autor classifica as normas pela sua relevância, pela subordinação e pela estrutura. O critério da relevância classifica as normas em primárias e secundária, o da subordinação em normas-origem (primeiras de uma série, remontando até a norma fundamental) e normas-derivadas (que são as demais normas decorrentes da primeira) e da estrutura em normas autônomas (que têm por si um sentido completo) e normas dependentes (que exigem combinação com outras normas para expressar seu sentido). Quanto à semântica, por sua vez, reporta-se ao âmbito de validade das normas e reporta-se aos destinatários (gerais, isto é, comuns, porque destinadas à generalidade das pessoas e individuais, ou seja, particulares, já que disciplinam o comportamento de uma pessoa ou grupo), à matéria (abstratas, as quais têm por facti species um tipo genérico, especiais, que disciplinam um tipo genérico de forma diferenciada e excepcionais, contidas nas abstratas, mas que excepcionam seu conteúdo), ao espaço (nacional, estadual, municipal – local, etc.) e ao tempo (permanentes, quando a lei não atribui prazo de vigência – vigem indefinidamente, e provisórias ou temporárias, sendo aquelas para a qual a lei prevê previamente um prazo de cessação, irretroativas ou retroativas de incidência imediata, cujo início de vigência se dá a partir da publicação, ou de incidência mediata, sujeitas à *vacatio legis*). Por fim, apresenta o critério da finalidade, segundo o qual as normas jurídicas classificam-se em normas de comportamento (disciplinadoras da conduta) e normas programáticas (que expressam diretrizes, intenções, objetivos), bem como o critério pragmático, cuja asserção pode ser modalizada por funtores, compreendidos como operadores linguísticos que permitem mobilizar as asserções. FERRAZ JUNIOR, Tércio Sampaio. Introdução ao estudo do direito. São Paulo: Atlas, 1994, p. 124 - 130. Já Maria Helena Diniz cataloga as quanto à imperatividade (impositivas, ordenando a ação ou abstenção de conduta, sem qualquer alternativa ou opção diferenciada, ou dispositivas que por sua vez subdividem-se em permissivas, supletivas ou também impositivas por interpretação doutrinária ou jurisprudencial), quanto ao autorizamento (mais que perfeitas, que autorizam duas sanções – nulidade do ato e restabelecimento do status quo, com aplicação de pena ao violador, perfeitas que autorizam a declaração do ato que as viola, mas não a aplicação de pena ao violador, menos que perfeitas, que autorizam a aplicação de pena ao violador, mas não a nulidade do ato, e imperfeitas,

4.2. Classificação das normas jurídicas em princípios e regras

As discussões relacionadas ao direito passam por momento peculiar, em face da proeminência assumida pelas teorias filosóficas e da metodologia da pesquisa no âmbito do processo de seu conhecimento e operação.

Neste contexto, nota-se o destaque conferido pelos pesquisadores às relações entre os temas jurídicos e os valores, a moral, a partir da noção de sistema e os seus componentes, passando por uma nova conotação à já encanecida problemática da hermenêutica - incluindo-se a interpretação e aplicação do direito.

(cuja violação não acarreta qualquer consequência jurídica), quanto à hierarquia (normas constitucionais, leis complementares, leis ordinárias, delegadas, medidas provisórias, decretos legislativos e resoluções, decretos regulamentares,normas internas e normas individuais), quanto à natureza de suas disposições (substantivas, as quais definem e regulam relações jurídicas, criam direitos e impõem deveres - normas de direito material, e adjetivas, que regulam o modo ou processo de efetivar as relações jurídicas - normas de direito processual), quanto à aplicação (de eficácia absoluta, insuscetíveis de emenda e com força paralisante total da lei que as contraria, de eficácia plena, que apresentam todos os requisitos necessários para disciplinar as relações jurídicas, de eficácia relativa restringível, de aplicabilidade imediata, mas passíveis de redução de sua eficácia pela atividade legislativa - eficácia limitada, e de eficácia relativa complementável, nas quais há a possibilidade mediata de produzir efeitos, dependendo de norma posterior - eficácia contida), quanto ao poder de autonomia legislativa (nacionais e locais, bem como federais, estaduais e municipais) e quanto à sistematização (esparsas ou extravagantes, codificadas e consolidadas). DINIZ, Maria Helena. Compêndio de introdução à ciência do direito. São Paulo: Saraiva, 1991, p. 345-352. Inúmeras, portanto, são as possíveis classificações para as normas jurídicas. Como já repisado, nenhuma é verdadeira ou falsa, ou prepondera. Elas são serviçais ou não. Para efeitos desta tese, utiliza-se apenas classificações que se entende necessárias para a extração do conceito de princípio jurídico.

No centro destas inovações[4] propostas para a concepção do direito, sobreleva-se o tema da classificação das normas jurídicas em espécies distintas, notadamente no que tange aos tão propagados princípios e regras[5], elementos que baseiam e justificam as variáveis daí decorrentes.

4 Há mesmo quem defenda que "o que há de singular na dogmática jurídica da quadra histórica atual é o reconhecimento da normatividade jurídica" dos princípios. BARROSO. Luís Roberto. Fundamentos Teóricos e Filosóficos do Novo Direito Constitucional Brasileiro - Pós-modernidade, Teoria Crítica e Pós-Positivismo, p. 31.

5 Pretendendo inovar a classificação bipartida entre normas, princípios e regras, Humberto Ávila apresenta classificação tríplice na qual sustenta - entre outras questões - a existência de mais uma espécie de norma. Refere-se aos postulados normativos, que seriam "normas imediatamente metódicas, que estruturam a interpretação e aplicação de princípios e regras mediante a exigência, mais ou menos específica, de relações entre elementos com base em critérios". ÁVILA. Teoria dos princípios: da definição à aplicação dos princípios jurídicos. São Paulo Malheiros, 2009, p. 168. Celso Ribeiro Bastos também inclui os postulados em sua classificação das normas jurídicas, na concepção de norma de conduta do intérprete da norma jurídica, dirigindo-se, portanto, a fatos e atos integrantes e exteriores ao sistema posto, razão pela qual os reconhece como sendo anteriores a própria Constituição. BASTOS, Celso Ribeiro. Hermenêutica e interpretação constitucional. São Paulo: Celso Bastos, 1999, p. 94-97. Nesta senda parece a posição de Ricardo Marcondes Martins, ao que os postulados seriam "elementos normativos, pressupostos epistemológicos do sistema normativos, necessários à realização do ato de editar uma Constituição..." PIRES, Luis Manoel Fonseca e MARTINS, Ricardo Marcondes. Um diálogo sobre a justiça: a justiça arquetípica e a justiça deôntica. Belo Horizonte: Fórum, 2012, p. 54. Discorda-se. Não que tais normas postulados não existam, mas que as mesmas não são normas jurídicas, porque não positivadas e ainda por se confundirem com a noção metajurídica de justiça anterior a toda e qualquer norma, inclusive a norma última de validade, a Constituição. Neste contexto, entende-se que se situam no âmago do que Kelsen cunhou como norma hipotética fundamental, que é de alta relevância para o direito enquanto fenômeno social, mas cujo o estudo não é objeto da ciência do direito. Por essa razão, descarta-se a sua inclusão como espécie, como classe do gênero norma jurídica. Igualmente, não é mediante os postulados anteriores a própria ordem fundamental que os casos de injustiça extrema são incompatíveis com determinada ordem jurídica, mas porque os mes-

Pioneiro, Josef Esser[6] distingue princípios e regras (as quais denomina, genericamente, como normas) definindo os princípios como normas que estabelecem fundamentos para que determinado mandamento seja encontrado e as regras determinam a própria decisão[7]. Para o autor em referência, os princípios jurídicos, diferentemente das normas (ou regras) de direito, são conteúdo em oposição à forma. Isto porque, os princípios fazem parte do Direito Positivo, mas não constituem regras jurídicas e, sim, a causa e critério de justificação, ou melhor, como uma verdadeira condição de funcionalidade das regras.[8]

---

mos sempre encontrarão resistência em direitos fundamentais positivados ou, quando menos, na revolução que rejeite normas desta natureza. Sente-se, por isso, que, ao contrário do quanto explicitado recorrentemente pela doutrina, foi exatamente essa noção de justiça anterior e superior a própria concepção de Constituição que fundamentou o nazismo, mesmo porque, se respeitadas as normas postas pela Constituição de Weimar então vigente na Alemanha - festejada como pioneira na proteção dos direitos fundamentais sociais e humanos - os atos praticados sob aquela nova ordem seriam declarados inconstitucionais pela autoridade competente. Isto não ocorreu, pois prevaleceu, verdadeiramente, a justiça anterior à Constituição vidente, sobretudo baseada no sentimento que emergia da própria população e seu comandante. Assim, o que justificou, possibilitou e fundou o nazismo foi uma revolução que, em última análise, rompe e inaugura ordens jurídicas, ainda que suscetíveis a limitações pelo conteúdo mínimo e intangível dos direitos humanos decorrente das evoluções sociais e que se encontram positivados como direitos fundamentais pétreos.

6 ESSER, Josef. *Principio y norma en la elaboración jurisprudencial del derecho privado*. Barcelona: Bosch, 1961.

7 ÁVILA, Humberto. Teoria dos Princípios: Da definição à aplicação dos princípios jurídicos. São Paulo: Malheiros, 2006, p.31.

8 ESSER, Josef. Principio y norma en la elaboración jurisprudencial del derecho privado. Barcelona: Bosch, 1961, p. 3-13. Em suas palavras: "princípios do direito não são elementos estáticos de uma construção escolástica cerrada, senão *topoi* [tópicos], pontos de vista postos à escolha discricionária da jurisprudência, base autorizada e legal da argumentação". Isto é, "[...] um

Assim, ressalta-se a proeminência conferida por Esser à afetação da definição dos princípios à atividade dos juízes, caracterizando-os como normas no aspecto conteúdo, em detrimento da forma, apontando, por assim dizer, na direção de uma distinção funcional entre princípios e regras (ou normas), uma vez que os princípios funcionariam apenas para indicar o caminho para a interpretação, ou seja, serviriam de fundamento a ser utilizado pelo aplicador na análise das regras jurídicas, sendo a relação entre princípios e regras determinante no exato momento da aplicação destas ao caso concreto.[9]

Em sentido próximo é a teoria de Larenz. Segundo este autor "Os princípios jurídicos não têm o caráter de regras concebidas de forma muito gerais, às quais se pudessem subsumir situações de facto, igualmente de índole muito geral. Carecem antes, sem excepção, de ser concretizados. [...] Os princípios podem entrar em contradição entre si. A sua actuação pode ocorrer diferentemente daquilo que acontece com a aplicação das regras, numa medida maior ou menor" [10].

Segue-se que "Os princípios não são regras devido ao fato de "lhes faltar o caráter formal de proposições jurídicas, representado pela conexão entre um suporte fático e uma conse-

princípio jurídico não é um preceito jurídico, nem uma norma jurídica em sentido técnico, porquanto não contém nenhuma instrução vinculante de tipo imediato para um determinado campo de questões [...]. Os princípios jurídicos são conteúdo em oposição à forma". Vale esclarecer que Esser ao se valer do termo "jurisprudência" o faz para significar a atividade judicial, o processo de fundamentação e decisão dos juízes e tribunais – distintamente dos recorrentes usos para decisões reiteradas dos tribunais ou mesmo para ciência do direito. Op. cit. p. 65.

9 LARENZ, Karl. Metodologia da ciência do direito. Lisboa: Fundação Calouste Gulbenkian, 1991, p. 292-293.

10 Idem, p. 674-675.

qüência jurídica".[11] Nesse sentido, os princípios apenas indicam a direção que deve seguir o processo de regulação. Pode-se dizer que são "um primeiro passo para a obtenção da regra".[12]

Canaris[13], por sua vez, apresenta duas características variantes que justificariam a classificação normativa em princípios e regras. A primeira seria quanto ao conteúdo axiológico. Isto porque, existiriam normas mais abstratas - os princípios – que abarcam e elegem a proteção de valores explícitos, os quais, por decorrência, requerem outras normas mais densas – as regras - que permitam a sua efetiva concretização. O segundo caractere refere-se ao modo de interação dos princípios e regras com outras normas, pois que aqueles somente percebem seu conteúdo axiológico por meio de influxos específicos, isto é, por um processo dialético de complementação e limitação.

Já Dworkin[14], em sua recorrente lição para distinguir os princípios das regras, observa que as regras são aplicadas ao

11 LARENZ, Karl. *Derecho Justo. Fundamentos de Ética Jurídica*. Madrid: Civitas; 2001, 683.

12 Idem.

13 Confira-se, também, a referência às discussões de CANARIS e PAWLOWSKI acerca dos "sistemas axiológicos" e "sistema de princípios", segundo a qual, "o que resta é um sistema enquanto ordem axiológica ou teleológica, um sistema de conceitos jurídicos gerais, um tal sistema é um sistema de princípios jurídicos em que o 'princípio', ao invés do 'conceito', deve ser entendido como uma pauta aberta, carente de concretização..." *In* Larenz, Karl. Metodologia da Ciência do Direito, pág. 200.

14 DWORKIN, Ronald. Levando os direitos a sério. Trad. Nelson Boeira. São Paulo: Martins Fontes, 2002. E ainda em DWORKIN, Ronald. Uma questão de princípio. São Paulo: Martins Fontes, 2000. Nestas obras Dworkin parte duma crítica às linhas mestras do denominado normativismo jurídico, especialmente no que tange aos estudos de Herbert L. A. Hart, e sua obra "O conceito de direito". HART, Herbert L. A. O conceito de direito. Lisboa: Fundação Calouste Gulbenkian, 2001. No seu desiderato, Dworkin concentra-se na desqualificação das teorias positivistas do direito, procedendo ao que ele mesmo denominou de "ataque geral ao positivismo". É do próprio

modo tudo ou nada (*all or nothing*), com o sentido de que colidindo duas regras, apenas uma será considerada válida. De outro lado, reverbera o autor, os princípios não determinam de forma absoluta a decisão, porque apena apresentam valores a serem observados e analisados conforme outros de igual status presentes no conjunto de princípios que formam um sistema jurídico.

Nesta toada, sustenta Dworkin que as regras são aplicáveis à maneira de disjuntivas, ou como ele denomina, "tudo ou nada" - *all-or-nothing* - sendo que "dados os fatos que uma regra estipula, ou ela é válida, e neste caso a resposta que fornece deve ser aceita, ou não é válida, e neste caso em nada contribui para a decisão".[15]

autor a seguinte afirmação: "Quero lançar um ataque geral contra o positivismo e usarei a versão de H. L. A. Hart como alvo, quando um alvo específico se fizer necessário" DWORKIN, Ronald. Levando os direitos a sério. Trad. Nelson Boeira. São Paulo: Martins Fontes, 2002, p. 35. Na concepção do multimencionado jurista não há uma rígida diferenciação entre a moral e o direito propugnada, em grande medida, pelo positivismo kelseniano. Na sua concepção, essa distinção perde força por não estar consubstanciada de fato quando analisada sua função judicial frente a um caso concreto, e ao momento da interpretação do juiz no instante de proferir seu julgamento. Ademais, a teoria positivista, sobretudo a hartiana, descrevia o direito como um sistema formado unicamente por regras, o que implicaria na insolubilidade do que rotulou como "casos difíceis". Ao identificar a caracterização do sistema jurídico normativista como um sistema composto somente por regras, ou seja, "um conjunto de regras especiais de que se vale a comunidade, cujo propósito é estabelecer qual conduta será punida ou coagida pelo Poder Público", defende a necessidade de classificação das normas em regras e princípios. *Idem,* p. 38. Conforme se sustenta nesta tese, não há qualquer incompatibilidade entre o positivismo e a noção de princípio e nem mesmo o reducionismo do direito e sua aplicação à norma e seu conteúdo. O que se sustenta é a necessidade de identificação da especialidade da norma jurídica e, consequentemente, do meio - científico - adequado para a sua descrição.

15 "**A diferença entre princípios jurídicos e regras é de natureza lógica**. Os dois conjuntos de padrões apontam para decisões particulares acerca

Na expressão do citado autor, "a regra pode ter exceções, mas se as tiver, será impreciso e incompleto simplesmente enunciar a regra, sem enumerar as exceções. Pelo menos em teoria, todas as exceções podem ser arroladas e quanto mais o forem, mais completo será o enunciado da regra"[16]

Destarte, vale-se, ao ensejo de sua teoria, da distinção lógica entre regras e princípios[17] e esclarece que denomina por princípio

> ...um padrão que deve ser observado, não porque vá promover o assegurar uma situação econômica, política ou social considerada desejada, mas porque é uma exigência de justiça ou eqüidade ou alguma outra dimensão da moralidade. Assim, o padrão que estabelece que os acidentes automobilísticos devem ser reduzidos é uma política e o padrão segundo o qual nenhum homem deve beneficiar-se de seus próprios delitos é um princípio.[18]

da obrigação jurídica em circunstâncias específicas, mas distinguem-se quanto à natureza da orientação que oferecem. As **regras são aplicáveis à maneira do tudo-ou-nada.** Dados os fatos que uma regra estipula, então ou a regra é válida, e neste caso a resposta que ela fornece deve ser aceita, ou é inválida, e neste caso em nada contribui para a decisão." DWORKIN, Ronald. **Levando os direitos a sério.** São Paulo: Martins Fontes, 2002. p. 39

16 DWORKIN, Ronald. Levando os direitos a sério. Trad. Nelson Boeira. São Paulo: Martins Fontes, 2002, p. 25.

17 DWORKIN, Ronald. Uma questão de princípio. São Paulo: Martins Fontes, 2000, p. 105-152

18 DWORKIN, Ronald. Levando os direitos a sério. Trad. Nelson Boeira. São Paulo: Martins Fontes, 2002, p. 36. Além destas classes de normas – ou *standarts*, parece sustentar uma terceira, consoante se infere da seguinte assertiva: "Denomino "política" aquele tipo de padrão que estabelece um objetivo a ser alcançado, em geral uma melhoria em algum aspecto econô-

Sendo assim, havendo eventual confrontamento de princípios, ao invés da fórmula da eliminação, utiliza-se como solução o critério da dimensão de peso (*dimension of weight*). A partir desta, no caso concreto, o princípio de maior peso deve se sobrepor ao outro, sem que o último perca sua validade e seja retirado do sistema. A classificação deste autor funda-se, então, na distinção entre o modo de aplicação –tudo ou nada e de dimensão ou peso - e no relacionamento normativo.

Sobre a fonte donde situam-se os princípios – sendo esta, a verdadeira distinção de sua teoria para o positivismo - arremata Dworkin[19]

> A origem desses princípios, enquanto princípios jurídicos, não se encontra na decisão particular de um poder legislativo ou tribunal, mas na compreensão do que é apropriado, desenvolvida pelos membros da profissão e pelo público ao longo do tempo. A continuidade de seu poder depende da manutenção dessa compreensão do que é apropriado, desenvolvida pelos membros da profissão e pelo público ao longo do tempo. A continuidade de seu poder depende da manutenção dessa compreensão do que é apropriado. Se deixar de parecer injusto permitir que as pessoas se beneficiem de seus próprios delitos ou se deixar de parecer injusto impor encargos especiais sobre monopólios que fabricam máquinas potencialmente

mico, político ou social da comunidade (ainda que certos objetivos sejam negativos pelo fato de estipularem que algum estado atual deve ser protegido contra mudanças adversas). "

19 Idem, p. 64.

perigosas, esses princípios não mais desempenharão um papel em novos casos, mesmo se eles não forem anulados ou revogados.

Alexy[20] se vale do estudo realizado por Dworkin, diverge deste, ao menos em parte, para defender que a solução adequada para a hipótese de aparente conflito entre princípios[21] não

20 ALEXY, Robert. Teoría de los derechos fundamentales. Madrid: Centro de Estudios Políticos y Constitucionales, 2001.

21 Assevera o citado jurista que: "*Los principios ordenan que algo debe ser realizado en la mayor medida posible, teniendo en cuenta las posibilidades jurídicas y fácticas. Por lo tanto, no contienen mandatos definitivos sino sólo prima facie. Del hecho de que un principio valga para un caso no se infiere que lo que el principio exige para este caso valga como resultado definitivo.* " Op. cit. p. 86. Assim: "*Un ejemplo de un conflicto de reglas que puede ser eliminado a través de la introducción de una cláusula de excepción es el que se da entre la prohibición de abandonar la sala antes de que suene el timbre de salida y la orden de abandonarla en caso de alarma de incendio. Si todavía no ha sonado el timbre de salida y se da alarma de incendio, estas reglas conducen a juicios concretos de deber ser contradictorios entre sí. Este conflicto se soluciona introduciendo en la primera regla una cláusula de excepción para el caso de alarma de incêndio. Si una solución de este tipo no es posible, por lo menos una de las reglas tiene que ser declarada inválida y, con ello, eliminada del ordenamiento jurídico. A diferencia de lo que sucede con el concepto de validez social o de la importancia de una norma, el concepto de validez jurídica no es graduable.* " Então, a eventual colisão de regras ocorre no plano da validade jurídica, que não comporta graus, já que, ou uma norma vale ou não vale juridicamente, sendo pertinente à hipótese a incidência dos métodos de eliminação dos conflitos posta pelo próprio sistema, como a que a lei posterior derroga a anterior, ou aquela segunda a qual a lei especial prevalece sobre a lei geral, p. 88. Já nas aparentes contendas entre princípios, isto não ocorre, dada a sua densidade valorativa, que o enquadra na condição de mandados de otimização e, por decorrência, na aplicação em medidas – na máxima medida, com a possibilidade de ponderação em concreto para se obter a melhor solução, sem esvaziar ou retirar do sistema e nem mesmo da decisão os princípios objetados. Daí conclui: "*El ponto decisivo para la distinción entre reglas y principios es que los principios son normas que ordenan que algo sea realizado en la mayor*

seria a da prevalência de um sobre o outro, mas sim a atividade de ponderação entre os princípios colidentes.[22] Deste modo, é o grau de tensão – ou de compatibilidade - e o modo como esta é resolvida que distinguiria os princípios das regras.

---

medida posible, dentro de las posibilidades jurídicas y reales existente. Por lo tanto, los principios son mandatos de optimización, que están caracterizados por el hecho de que pueden ser cumplidos en diferente grado y que la medida debida de su cumplimiento no solo depende de las posibilidades reales sino también de las jurídicas. El ámbito de las posibilidades jurídicas es determinado por los principios y reglas opuestos. En cambio, las reglas son normas que solo pueden ser cumplidas o no. Si una regla es válida, entonces de hacerse exactamente lo que ella exige, ni más ni menos. Por lo tanto, las reglas contienen determinaciones en el ámbito de lo fáctica y jurídicamente posible. Esto significa que la diferencia entre reglas y principios es cualitativa y no de grado. Toda norma es o bien una regla o un principio". Op. cit. p. 86-87.

22 Avalia Virgílio Afonso da Silva: "o conceito de princípio, na teoria de Alexy, é um conceito que não faz referência à fundamentalidade da norma em questão. Como visto acima, uma norma é um princípio não por ser fundamental, mas por ter a estrutura de um mandamento de otimização. Por isso, um princípio pode ser um mandamento nuclear de um sistema, mas pode também não o ser, já que uma norma é um princípio apenas em razão de sua estrutura normativa e não de sua fundamentalidade. O mesmo vale para as regras. Pode haver regras que sejam disposições fundamentais do sistema, mas isso é irrelevante para a sua classificação. " SILVA, Virgílio Afonso da. A constitucionalização do Direito: os direitos fundamentais nas relações entre particulares. São Paulo: Malheiros, 2005, p. 30. E explica: "A razão é simples: o critério que Alexy utiliza para distinguir princípios de regras é um critério estrutural, que não leva em consideração nem fundamentalidade; nem generalidade, nem abstração, nem outros critérios materiais, imprescindíveis nas classificações acima mencionadas. Como conseqüência, muito do que é tradicionalmente considerado como princípio fundamentalíssimo – a anterioridade da lei penal é um exemplo esclarecedor – é, segundo os critérios propostos por Alexy, uma regra e não um princípio [...]. Falar em princípio do *nulla poena sine lege*, em princípio da legalidade, em princípio da anterioridade, entre outros, só faz sentido para as teorias tradicionais. Se se adotam os critérios propostos por Alexy, essas normas são regras e não princípios. " Op. cit. p. 36.

Nestes termos, verifica o citado autor, a parti dessa diferenciação, que as soluções para possíveis incompatibilidades normativas são diferentes. Na hipótese de eventual conflito entre regras observar-se-á qual delas permanecerá dentro da ordem jurídica, definindo-se aquela que deverá ser excluída, ou seja, retirada do sistema. Já o conflito entre princípios sempre resultará uma solução que mantém a integridade do sistema, preserva-o sem qualquer retirada de norma, sendo este um problema que se situa no interior da ordem jurídica, cumprindo ao aplicador das normas ponderar em concreto qual dos princípios incidirá em maior grau na espécie, permitindo, desta forma, a aplicação simultânea de ambos sem se cogitar da retirada de qualquer um do sistema.[23]

---

23 "O ponto decisivo na distinção entre regras e princípios é que os princípios são normas que ordenam que algo seja realizado na maior medida possível dentro das possibilidades jurídicas e fáticas existentes. Princípios seriam, por conseguinte, mandamentos de otimização, que são caracterizados por poderem ser satisfeitos em graus variados e pelo fato de que a medida devida de sua satisfação não depende somente das possibilidades fáticas, mas também das possibilidades jurídicas. O âmbito das possibilidades jurídicas é determinado pelos princípios e regras colidentes. Já as regras são normas que são sempre ou satisfeitas ou não satisfeitas. Se uma regra vale, então, deve se fazer exatamente aquilo que ela exige; nem mais, nem menos. Regras contêm, portanto, determinações no âmbito daquilo que é fática e juridicamente possível. Isso significa que a distinção entre regras e princípios é uma distinção qualitativa, e não uma distinção de grau." ALEXY, Robert. Teoria dos direitos fundamentais. Tradução de Virgílio Afonso da Silva. São Paulo: Malheiros, 2008 p. 90 e 91. Explicita Barroso: "Por isso se diz que princípios são mandamentos de otimização: devem ser realizados na maior intensidade possível, à vista dos demais elementos jurídicos e fáticos presentes na hipótese. Daí decorre que os direitos neles fundados são direitos prima facie – isto é, poderão ser exercidos em princípio e na medida do possível." BARROSO, Luís Roberto (Org.). A nova interpretação constitucional: ponderação, direitos fundamentais e relações privadas. Rio de Janeiro: Renovar, 2008, p. 205.

O próprio jurista alemão assim sintetiza a sua tese, justificando a classificação das normas nas espécies princípios e regras:

> A base do argumento dos princípios é constituída pela distinção entre regras e princípios. Regras são normas que, em caso de realização do ato, prescrevem uma consequência jurídica definitiva, ou seja, em caso de satisfação de determinados pressupostos, ordenam, proíbem ou permitem algo de forma definitiva, ou ainda autorizam a fazer algo de forma definitiva. Por isso, podem ser designados de forma simplificada como '*mandamentos definitivos*'. Sua forma característica de aplicação é a subsunção. Por outro lado, os princípios são *mandamentos de otimização.* Como tais, são normas que ordenam que algo seja realizado em máxima medida relativamente às possibilidades reais e jurídicas. Isso significa que elas podem ser realizadas em diversos graus e que a medida exigida de sua realização depende não somente das possibilidades reais, mas também das possibilidades jurídicas. As possibilidades jurídicas da realização de um princípio são determinadas não só por regras, como também, essencialmente, por princípios opostos. Isso implica que os princípios sejam suscetíveis e carentes de ponderação. A ponderação é a forma característica dos princípios.[24]

24 Alexy, Robert. Conceito e validade do direito. São Paulo: WFM Martins Fontes, 2009, p. 85. Nesta toada, revela o jurista que o caminho que conduz a essa distinção teórico normativa seria a necessária conexão entre direito e moral. Op. cit. p 85-97. Apesar de se anuir em parte, na presente tese,

Em suma, para Alexy, a distinção entre regras e princípios não poderia estar pautada exclusivamente na premissa do "tudo ou nada" apontada por Dworkin, pois que deve considerar dois critérios distintivos: quanto ao conflito, afinal, os princípios colidentes têm sua realização normativa limitada reciprocamente, enquanto na colisão entre regras há a declaração de invalidade de uma delas - ou a abertura de uma exceção que gera uma antinomia; e quanto à obrigação que instituem, visto que as regras posicionariam obrigações absolutas dirigidas a comportamentos prévia e objetivamente delimitados, enquanto os princípios instituiriam obrigações *prima facie*, na medida em que podem ser condicionadas, delimitadas ou pontencializadas em função de sua relação – conflituosa ou não – com outros princípios.[25]

---

com o que sustenta o multimencionado autor no que se refere ao cerne da diferenciação entre regras e princípios, discorda-se do motivo, consoante restará evidenciado nas próximas linhas.

---

25 Humberto Ávila critica tal distinção, afirmando que a ponderação não é método privativo de aplicação de princípios, podendo ser utilizada em dispositivos hipoteticamente formulados que tenham uma aplicação preliminarmente automática; neste caso uma das regras em conflito não perderá a validade, sendo a solução aplicar a ponderação. Outra questão suscitada por Ávila reside na possibilidade de ponderação das regras diante de razões contrárias a ela que a excepcionam. Existem, segundo este autor, razões diversas que são superiores à própria razão da regra e, por isso, fundamentam o seu não cumprimento, mesmo presentes as hipóteses necessárias para tanto, como se fosse uma espécie de exceção implícita a determinada regra jurídica. Já no que tange aos princípios, sustenta que a não é absoluta, também, a forma de aplicação da ponderação na solução de conflitos entre eles, cabendo hipóteses de colisão de princípios em que um elimina, exclui totalmente a incidência do outro. Cita casos em que os princípios determinam fins divergentes, deste modo um deve ser aplicado em detrimento do outro, sendo dada a mesma solução para os conflitos de regras. Diante destas e de outras razões, Ávila conclui que a atividade de ponderação de razões não é privativa da aplicação dos princípios, mas é qualidade geral

Como se vislumbra, diversos são, na ciência do direito, os posicionamentos quanto a matéria e os meios de representar os denominados princípios e não os utilizar como forma de ataque a uma determinada forma de pensar filosófica e cientificamente o estudo das normas jurídicas[26].

da aplicação de qualquer norma. Assim, a distinção de princípios e regras para este autor seria "quanto à determinação da prescrição de conduta que resulta em sua interpretação: os princípios não determinam diretamente (por isso *prima facie*) a conduta a ser seguida, apenas estabelece fins normativos relevantes, cuja concretização depende de um ato institucional de aplicação que deverá encontrar o comportamento necessário à promoção do fim; às regras dependem de modo menos intenso de um ato institucional de aplicação nos casos normais, pois o comportamento está previsto frontalmente pela norma." Op. Cit. p. 63. Neste passo, conceitua: "As regras são normas imediatamente descritivas, primariamente retrospectivas e com pretensão de decidibilidade e abrangência, para cuja aplicação se exige a avaliação da correspondência, sempre centrada na finalidade que lhes dá suporte ou nos princípios que lhes são axiologicamente sobrejacentes, entre a construção conceitual da descrição normativa e a construção conceitual dos fatos. Os princípios são normas imediatamente finalísticas, primariamente prospectivas e com pretensão de complementariedade e de parcialidade, para cuja aplicação se demanda uma avaliação da correlação ente o estado de coisas a ser promovido e os efeitos decorrentes da conduta havida como necessária à sua promoção. " ÁVILA, Humberto. Teoria dos princípios. São Paulo: Malheiros, 2009, p. 78-79. E aclara: "Em outras palavras, a positivação de princípios implica a obrigatoriedade da adoção de comportamentos necessários à sua realização, salvo se o ordenamento jurídico predeterminar o meio por regras de competência. " Op. cit. p. 80. Neste passo, sentencia: "Os princípios, por serem normas imediatamente finalísticas, estabelecem um estado ideal de coisas a ser buscado, que diz respeito a outras normas do mesmo sistema, notadamente regras. " Op. cit., p. 97.

26 Com efeito, um verdadeiro combate à teoria pura do direito e à técnica de subsunção na aplicação das normas jurídicas se apresenta no âmago destas teorias, as quais, consoante se pretende demonstrar ao longo desta monografia, acabam por desvirtuar a instrumentalização das normas jurídicas, dando azo a possíveis atos de concentração de poder e mesmo a insegurança das relações jurídicas. Fundamentalmente, duas são as razões que dão causa a estas consequências, a saber, a confusão entre ciência e

hermenêutica jurídica, ao lado das indefinições metodológicas e de objeto. Assim, partindo-se duma – falsa - premissa da incompatibilidade do positivismo jurídico às interfaces axiológicas, sob a égide da sua inaptidão para o asseguramento de direitos fundamentais e incapacidade de aproximação do direito à realidade e anseios sociais, estabelece-se uma cruzada, uma campanha mesmo contra essa forma de pensar o direito. Ocorre que, ao contrário das finalidades propagadas, as consequências deste giro científico - que mais se ocupam de ataques e contestações a esse nicho filosófico do direito, até mesmo como se, absurdamente, fosse este o responsável pela justificativa de estados de exceção ou do desrespeito aos direitos humanos - não foram o avanço na tutela de direitos fundamentais e nem mesmo a aproximação do direito à realidade social e aos anseios da comunidade. O que se verifica, em rigor, foi a constituição de um danoso "estado principiológico" e dum estado da "preponderância da cabeça do magistrado" sobre qualquer norma e ao arrepio de qualquer limitação, por mais fundamental que seja e ainda que direta e explicitamente derivada da norma base do ordenamento jurídico.Refere-se, neste particular, primordialmente – mas não exclusivamente - à carta branca em que erroneamente se insere a noção de princípio, enquanto norma autorizadora das mais diversas consequências no mundo jurídico, ainda que em face situações concretas distintas, em paradoxal contrassenso à própria noção de igualdade jurídica, basilar para o estado de direito e erigida pela unanimidade da ciência jurídica à condição de norma princípio. A sequela maior desta verificação é a desconstituição da essência do direito, pois que deixa de promover a pacificação social a partir do estado de instabilidade principiológica das soluções do sistema jurídico aos conflitos humanos. As causas, conforme já antecipado alhures, são, além da inútil ocupação para desconstituição do positivismo jurídico, o desvirtuamento das relações dos valores, norma e hermenêutica jurídica, pois que afastada da necessária compreensão da distinção entre ciência jurídica e sua operação e a definição do seu objeto. Sobre a matéria, também se ocupou Carrió, Genaro. Principios Jurídicos y Positivismo Jurídico. Buenos Aires: Abeledo-Perrot, 1970. Em sentido contrário, em parte, Daniel Sarmento, para quem "É verdade que o positivismo não renegava completamente os princípios. No entanto, atribuía a eles uma função meramente subsidiária e supletiva na ordem jurídica. O tema dos princípios era discutido sobretudo no âmbito do Direito Privado, onde eles surgiam como princípios gerais de Direito. Neste contexto, não se lhes reconhecia o caráter de norma jurídica, mas de meio de integração do Direito, cuja utilização caberia apenas nas hipóteses de lacuna. " SARMENTO, Daniel. Direitos Fundamentais e Relações Privadas. Rio de Janeiro, Lúmen Júris, 2004, p. 81.

Por isso que acertadamente adverte Guastini que "no uso comum, a expressão 'princípios de (do) direito' não constitui absolutamente uma categoria simples e unitária: pelo contrário, por essa expressão entendem-se frequentemente coisas muito distintas."[27] "Além disso...", prossegue o mencionado doutrinador, "...na linguagem comum dos juristas, costuma-se caracterizar os princípios em contraposição às normas".[28]

No mesmo diapasão, sustenta Larenz que "uma explicação dos princípios que se limite a convertê-los em palavras, sem penetrar em alguma de suas concretizações, corre o risco de permanecer num nível muito geral, em que cada um pode entender coisas diferentes". [29]

Faz-se, então, obrigatório àqueles que versam o tema partir, no mínimo, da exata da definição da noção de princípio e regra que adota, ainda que fundada em uma daquelas já firmadas por uma das diversas correntes jusfilosóficas, como solução para a situação de instabilidade e imprecisão metodológica relatada e para evitar a decorrente e maléfica da denunciada *principiologização*[30] aleatória das celeumas jurisdicionaliza-

27 GUASTINI, Ricardo. Das fontes as formas. São Paulo: Quartier Latim, 2005, p. 185.

28 Idem. Sobre o assunto, Rui Portanova assim assevera: "A doutrina utiliza o termo 'princípio' com muitas significações: critério, política, sistema, requisito e regra, por exemplo" PORTANOVA, Rui. Princípios do processo civil. Porto Alegre: Livraria do Advogado, 1999, p. 13.

29 LARENZ, Karl. Metodologia da ciência do direito. 2ª ed. Lisboa: Fundação Calouste Gulbenkian, 1991, p. 21.

30 Desta questão já se ocuparam diversos autores na doutrina estrangeira e pátria. Por todos, citem-se os trabalhos – mesmo que com base em premissas diversas daquelas que aqui se pretende sustentar – por Lênio Streck, Humberto Ávila. Para este autor, o atual momento metodológico da teoria jurídica fundamental e, sobretudo, do direito constitucional acentua, sobremaneira, a importância dos princípios no ambiente dogmático, cunhando, uma euforia que gera o que rotulou de um "Estado Prin-

das, sob pena de não se obter o conhecimento científico e, o que é mais grave, duma operação inadequada das normas de direito.[31]

cipiológico". ÁVILA, Humberto. *Teoria dos Princípios – da definição à aplicação dos princípios jurídicos.* São Paulo: Malheiros, 2009, 15. Conforme lembra Fábio Corrêa Souza de Oliveira, a questão também foi abordada por outros pesquisadores de nomeada, ainda que com a o emprego de outras designações congêneres, tais como "Estado principialista" (Paulo Bonavides), "Hermenêutica de Princípios" (Inocêncio Mártires Coelho), "Compreensão principial da Constituição" (Gomes Canotilho), "principiologia jurídico-constitucional" (Willis Santiago Guerra Filho), "dogmática principialista" (Clèmerson Merlin Clève) e "jurisprudência de princípios" (García de Enterría). OLIVEIRA, Fábio Corrêa Souza de. *Por uma teoria dos princípios – o princípio constitucional da razoabilidade.* Rio de Janeiro: Lumen Juris, 2003, p.10.

31 Neste sentido, o que para alguns poderia soar contraditório, é no positivismo jurídico que a especificação das normas em princípios e regras encontra um dos possíveis delineamentos aptos a solucionar a presente celeuma, consoante se pretende demonstrar enquanto uma necessária premissa deste teste. Para tanto, impõem-se, neste capítulo, investidas em torno de noções fundamentais a compreensão de qualquer tema jurídico, como é a questão dos princípios. Neste passo, cumpre reiterar que não se sustenta a inexistência de sinergia entre outros valores sociais e direito, mas que se faz necessário a identificação das peculiaridades, institutos, métodos e objeto próprios, sendo essencial a exata compreensão de suas notas distintivas para que o conhecimento se realize cientificamente, possibilitando a obtenção de verdades e ou sujeição à falseabilidade, além de permitir que sua operacionalização, materialização, verdadeira concretização não se dê de forma imprecisa, instável e insuscetível de correção. Como se expôs, para parte da doutrina, reside nos princípios jurídicos, conquanto "novos" elementos que compõem o sistema jurídico, a base das teses que sustentam a inaptidão do positivismo jurídico, enquanto teoria do direito, por não conferir e nem permitir a adequada compreensão de caráter diferenciado à norma jurídica, seja porque, para alguns, não se encontram num sistema jurídico, portanto, fechado, ou porquanto, para outros, estão impregnados de valores, o que, em tese, seria incompatível com a noção de sistema fechado e de norma pura propostos pelo positivismo jurídico. Estas divagações não se sustentam, como já se expôs, seja porque a necessidade de se separar a norma de outros fatos humanos para efeito de melhor

Consequentemente, vale ressaltar que, em rigor, a definição dos princípios e das regras é mais uma questão de critério, de método. É uma relevante questão, mas, frise-se, taxonômica, exigindo daquele que utiliza este instrumental especial atenção quanto ao pré-estabelecimento da forma de classificação e consequentes premissas que adota.[32]

Com efeito,

> a doutrina costuma compilar uma enorme variedade de critérios para estabelecer a distinção entre princípios e regras. Por simplificação, é possível reduzir esses critérios a apenas três, que levam em conta: a) o conteúdo; b) a estrutura normativa; e c) o modo de aplicação. O primeiro deles é de natureza mate-

---

conhecer e operar o direito não é questão científica e não fática, que não se resolve com a mera classificação das normas (em regras e princípios), ou por causa da má compreensão do que é a inevitável relação dos valores e qualquer outros aspectos metajurídicos com o direito e seus elementos, da sua não interferência na formação, mutação e aplicação da norma jurídica dentro do seu sistema, pena de colapso configurado a partir da fulminação de sua finalidade última, a estabilidade das relações humanas, incluído dentro do sistema jurídico por normas, princípios e regras, que se resumem num direito fundamental ínsito a todos os estados democráticos de direito: a segurança jurídica

32 Pertinente a explicação de Ávila, para quem dois são os vieses metodológicos para o estudo dos princípios no direito: um seria o que rotula de "investigação apologética", onde se exalta a importância dos princípios, privilegiando-se a "proclamação da importância dos princípios, qualificando-os como alicerces ou pilares do ordenamento". Porém, peca por não apontar quais os cometimentos imprescindíveis à sua concreção e qual o aparato de justificação e aplicação dos mesmos; a outra consiste na análise consecutiva e insistente de sua estrutura e o modo de aplicabilidade racional dos princípios, enquanto modelos normativos, como se pretende fazer na presente tese. ÁVILA, Humberto. Teoria dos Princípios – da definição à aplicação dos princípios jurídicos. São Paulo: Malheiros, 2009, p. 56

> rial e os outros dois são formais. Essas diferentes categorias não são complementares, nem tampouco são excludentes: elas levam em conta a realidade da utilização do termo 'princípio 'no Direito de maneira geral. Nesse caso, como em outras situações da vida, afigura-se melhor lidar com a diversidade do que procurar estabelecer, por arbítrio ou convenção, um critério unívoco e reducionista.[33]

Diante deste quadro, que alberga inúmeros critérios e os mais variados significados e sentidos para um mesmo termo, seja na linguagem ordinária, seja na linguagem científico-jurídica, é que surgem as mais diversas definições, conteúdos, funções etc. para os denominados princípios jurídicos.[34]

---

33 BARROSO, Luís Roberto. *In* A nova interpretação constitucional: ponderação, direitos fundamentais e relações privadas. Rio de Janeiro: Renovar, 2008. p.205. Nesta toada, Canotilho aponta vários critérios comumente utilizados pela doutrina para fundamentar a distinção entre princípios e regras. São eles: 1. Grau de abstração: por este critério, os conceitos de princípio e regra poderiam ser individualizados pelo fato de que o primeiro possuiria um grau de abstração elevado, enquanto que a regra teria um grau relativamente baixo de abstração. 2. Grau de determinabilidade quando da aplicação ao caso concreto: os que assim entendem, defendem que os princípios carecem de mediações concretizadoras, através do legislador ou do juiz, porque são vagos e indeterminados. As regras, por sua vez, teriam aplicação direta. 3. Caráter de fundamentalidade no sistema de fontes do direito: os princípios estariam num patamar superior às regras por serem normas de natureza estruturante ou com papel fundamental no ordenamento jurídico devido à sua posição hierárquica no sistema de fontes ou à sua importância estruturante dentro do sistema jurídico. 4. Proximidade da idéia de direito: princípios seriam padrões da justiça. Regras poderiam ser normas vinculativas com conteúdo meramente funcional. 5. Natureza normogenética: as regras advêm dos princípios. São estes que fundamentam aquelas. CANOTILHO. Direito constitucional e teoria da Constituição, p. 1160.

34 Diversos são os significados do termo princípio. Na linguagem ordinária é comum a referência ao termo princípio como sendo: parte ou ingrediente

Ora, para evitar essa ambiguidade e entendendo a multimencionada classificação pertinente, racional e útil[35] à ciência

importante, fundamental, básico de algo, guia, orientação, fonte geradora, origem, finalidade, objetivo, propósito, premissa, axioma, evidencia teórica, verdade ética inquestionável, máxima, provérbio, valor de experiência, tradição. Estas noções, verdadeiros dados-fatos da vida, são jurisdicizados pelo direito, na medida em que incorporados pelo sistema de normas jurídicas vigentes em determinado espaço e tempo. O direito, destarte, interfere diretamente nestes. Mas, não se pode negar, também sofre interferência dos mesmos, ainda que disto não resulte confusão entre seus objetos. Daí porque o significado jurídico do termo princípio encontra, em algum grau, influência daqueles pertinentes à linguagem comum. Nesta senda, é recorrente no pensamento jurídico a compreensão dos princípios jurídicos como: referidos à ordenação dos aspectos importantes de uma ordem jurídica; expressão generalizações obtidas a partir das regras; razão de um conjunto de normas; atribuição de pautas de conteúdo eminentemente justos; instrumento para identificar requisitos formais ou externos que a ordem jurídica; guias de direção ao legislador; juízos de valor exigências básicas de justiça e moral na consciência popular; tradição jurídica. Vide Carrió, Genaro. Principios Jurídicos y Positivismo Jurídico. Buenos Aires: Abeledo-Perrot, 1970.

35 A mesmo quem insista na inutilidade desta classificação. Por todos confira-se a obra de Hart. É deste autor a seguinte assertiva: "Não vejo razões nem para aceitar este contraste nítido entre princípios jurídicos e regras jurídicas, nem do ponto de vista de que, se uma regra válida for aplicável a um caso dado, deve, diferentemente de um princípio, determinar sempre o resultado do caso. Não há razões para que um sistema jurídico não deva reconhecer que uma regra válida determina o resultado nos casos em que é aplicável, exceto quando outra regra, julgada como sendo mais importante, seja também aplicável ao mesmo caso. Por isso, uma regra que seja superada, em concorrência com uma regra mais importante num caso dado, pode, tal como um princípio, sobreviver, para determinar o resultado em outros casos, em que seja julgada como sendo mais importante do que outra regra concorrente". E, mais adiante, finaliza que "Esta incoerência, verificada na pretensão de que um sistema jurídico consiste tanto em regras de tudo-ou-nada como em princípios não conclusivos, pode ser sanada se admitir que a distinção é uma questão de grau. Certamente que se pode fazer um contraste razoável entre regras quase-conclusivas, em que a satisfação das respectivas condições de aplicação basta para determinar o resultado jurídico, salvo em poucos exemplos (em que as suas disposições podem

jurídica, bem como para a interpretação, concretização e aplicação do direito, parte-se, de logo, de um corte metodológico juspositivista, afastando como parte da teoria dos princípios, ou melhor, como possível propriedade dos princípios e das regras jurídicas tudo aquilo que não esteja inserido em determinado ordenamento jurídico – no caso, no ordenamento jurídico brasileiro.

Em sequência, estabelece-se nesta tese que ambas integram o mesmo gênero – no caso a norma jurídica. Diga-se: dotam-se de características comuns. São atos, verdadeiros plexos de ordenação de conduta humana, integrantes de um sistema concatenado, cuja formação válida deve seguir o processo pré-determinado pela norma base do sistema, conforme atribuição – ou autoridade – outorgada pelo próprio sistema, arraigadas, na sua essência, a imperatividade – ou prescritibilidade -, cujo cerne é a presença da sanção – consequência negativa pelo não cumprimento de seus comandos – e a coação – possibilidade de impor esta consequência, mesmo contra a vontade do seu destinatário, inclusive mediante o uso da força prevista, autorizada também pelo ordenamento em vigor.[36]

entrar em conflito com as de outra regra reputada da maior importância), e princípios geralmente não conclusivos, que se limitam a apontar para uma decisão, mas que podem muito freqüentemente não conseguir determina-la" HART, Hebert L. A. O conceito de Direito. Lisboa: Fundação Calouste Gulbenkian, 2001, p. 318-330.

36 Esclarece Dimolius: "A norma se integra ao ordenamento vigente, se for respeitado o procedimento estabelecido para sua criação, assim como as demais condições fixadas pelo sistema jurídico. As mais importantes condições que devem ser respeitadas são as seguintes: a competência conferida a uma autoridade ou pessoa para a criação de certa espécie de normas, o procedimento de edição (tramitação regular, maiorias, prazos, registros, formas de publicidade etc.), os limites temporais e espaciais de validade e as regras que permitem resolver casos de incompatibilidade entre o con-

Tratam-se, repisa-se, de classes do gênero norma jurídica.[37] São os princípios jurídicos ínsitos a este ordenamento[38]. Neste sentido, aplica-se integralmente - tanto aos princípios quanto às regras - a lição kelseniana segundo a qual as normas "(...) não são juízos, isto é, enunciados sobre um objeto dado ao conhecimento. Elas são antes, de acordo com o seu sentido, mandamento, e como tais, comandos imperativos. Mas não são

teúdo das normas (antinomias jurídicas). Isso ocorre mediante aplicação da regra que impõe a congruência de cada norma com as suas superiores (princípio da superioridade) e das regras que permitem decidir qual entre as normas conflitantes do mesmo escalão hierárquico deverá prevalecer (princípios da especialidade, da posterioridade e da proporcionalidade). " *DIMOULIS, Dimitri, Positivismo jurídico: introdução a uma teoria do direito e defesa do pragmatismo jurídico-político.* São Paulo: Método, 2006, p. 114.

37 Sobre a matéria, confira-se MIRANDA, Jorge. Manual de direito constitucional. 2. ed. rev. Coimbra:
Coimbra Editora, 1987, tomo II, p. 198. J. J. Em sentido aproximado, Gomes Canotilho e Vital Moreira ensinam que os "princípios são núcleos de condensação nos quais confluem os bens e valores constitucionais, i.e., são expressões do ordenamento constitucional e não fórmulas apriorísticas contrapostas às normas". CANOTILHO; MOREIRA. Fundamentos da Constituição, p. 49.

38 Neste sentido, explicita Benedito Hespanha que "qualquer sistema ou ordenamento jurídico é integrado por princípios e regras de direito. Vale dizer que uma ordem jurídica positiva possui tantos princípios gerais de direito quantos forem jurídica e positivamente estabelecidos. É claro que a ordem jurídica poderá inserir a positividade de outros princípios gerais de direito, uma vez que ao intérprete sempre é dado, em qualquer tempo e lugar, o direito de questionar o conteúdo valorativo de justiça e a normatividade de transformadora de novos princípios gerais do direito". Conclusivamente: "A normatividade dos princípios é inquestionável, já que o discurso de sua proposição valorativa expressa o conteúdo da observância de normas legítimas e necessárias para regular a situação de justiça de qualquer caso real ainda não regulado no sistema ou ordenamento jurídico" HESPANHA, Benedito. Direito processual e a Constituição: a relevância hermenêutica dos princípios constitucionais do processo. *In*: Revista de Direito Constitucional e Internacional, nº 48. São Paulo: Revista dos Tribunais, 2004, p. 14-15.

apenas comandos, pois também são permissões e atribuições de poder ou competência. "

Anui-se a Ricardo Martins, que reverbera:

> Afirmar que tanto as regras como os princípios são normas equivale a dizer que ambos têm um antecedente, em que há a descrição hipotética de um fato ou de um conjunto de fatos, e um consequente, em que há a descrição de duas situações jurídicas vinculadas numa relação jurídica e condicionadas à ocorrência do fato ou fatos previstos. Essa estrutura, facilmente perceptível nas regras, é de difícil visualização nos princípios daí a dificuldade em compreendê-los.[39]

Na esteia desta apologética, descortina-se o cerne da questão: as normas jurídicas, sejam princípios ou regras, não são meras instruções ou ensinamentos. Por isso, prescrevem, permitem, conferem e limitam poderes ou competências — não 'ensinam nada.[40]

Diante disso, devem ser cumpridas, respeitadas, sob pena de em não sendo, ensejar aplicação da sanção correspondente.[41] Considera-se, nestas bases, que o caráter prescritivo é comum às normas princípios e normas regras.

---

39 MARTINS, Ricardo Marcondes. Efeitos dos Vícios do Ato Administrativo. São Paulo: Malheiros, 2008, p. 30.

40 KELSEN. Teoria pura do direito, p. 81. Esta assertiva parece óbvia ou desnecessária, mas não é. Como lembra Guastini, por todos, "costuma-se caracterizar os princípios em contraposição às normas. " Guastini, Ricardo. Das fontes as formas. São Paulo: Quartier Latim, 2005, p. 185.

41 ESPÍNDOLA, Ruy Samuel. Conceito de princípios constitucionais: Elementos teóricos para uma formulação dogmática constitucionalmente adequada. São Paulo: Revista dos Tribunais, 1998, p. 55.

Todavia, é preciso atestar que, mesmo sendo parte da mesma família, existem dentro do conjunto categorias com peculiaridades, verdadeiras notas diferenciadoras, que justifiquem a utilidade da classificação proposta, seja para efeitos acadêmicos, científicos – atividade descritiva -, ou mesmo para efeito de operação, aplicação e interpretação - atividade prescritiva.

Neste plano, sustenta-se que são duas as notas peculiares que torna útil a propagada classificação entre as normas princípios e as normas regras.

A primeira que se entende como relevante é a que diferencia os princípios das regras face à sua posição hierárquica no sistema jurídico[42]. Os princípios qualificam-se por seu caráter

42 Urge consignar que José Afonso da Silva se vale do termo princípio constitucional para classificar determinadas qualidades específicas das normas jurídicas, a saber, sua posição no âmbito de determinada constituição. Por esse critério, analisando a Constituição Federal de 1988, os princípios constitucionais podem ser catalogados em duas categorias: princípios políticos e princípios jurídicos. Os primeiros constituem-se daquelas decisões políticas fundamentais concretizadas em normas conformadoras do sistema constitucional positivo, das quais derivam as normas particulares que regulam relações específicas da vida social. Por sua vez, os segundos são os princípios constitucionais gerais, informadores da ordem jurídica nacional. Ambos, por sua vez, são desdobramentos do que denomina princípios fundamentais, aos quais atribuiu a seguinte classificação: a) *princípios relativos à existência, forma, estrutura e tipo de Estado*: República Federativa do Brasil, soberania, Estado Democrático de Direito (art. 1º); b) *princípios relativos à forma de governo e à organização dos poderes*: República e separação dos poderes (arts. 1º e 2º); c) *princípios relativos à organização da sociedade*: principio da livre organização social, principio de convivência justa e principio da solidariedade (art. 3º, I); d) *princípios relativos ao regime político*: principio da cidadania, principio da dignidade da pessoa, principio do pluralismo, principio da soberania popular, principio da representação política e principio da participação popular direta (art. 1º, parágrafo único); e) *princípios relativos à prestação positiva do Estado*: principio da independência e do desenvolvimento nacional (art. 3º, II), principio da justiça social (art. 3º, III) e principio da não discriminação (art. 3º IV); f) *princípios relativos à comunidade internacional*: da independência nacional, do res-

de fundamentabilidade, revestindo-se de uma especial importância.[43] Mas, não necessariamente, toda norma que serve de fundamento de validade a outra é, logicamente, uma norma princípio. É preciso investigar e confirmar, seja pela própria opção expressa do sistema e desde que em conjunção de outras duas características abaixo declinadas[44].

Pelo exposto, pode-se concluir que uma das características das normas princípios é a assunção de posição de disposição primária, de vetor, de base, isto é, de fundamento de validade para a produção de outras normas jurídicas – gerais ou individuais, legais ou infralegais.

Desta forma, "(...) uma vez constitucionalizados, se fazem a chave de todo sistema normativo".[45] Diante da estrutura lógica escalonada de normas, os princípios situam-se no topo do sis-

---

peito aos direitos fundamentais da pessoa humana, da autodeterminação dos povos, da não-intervenção, da igualdade dos Estados, da solução pacifica dos conflitos e da defesa da paz, do repúdio ao terrorismo e ao racismo, da cooperação entre os povos e o da integração da América Latina (art. 4º). SILVA, José Afonso da. Curso de direito constitucional positivo. São Paulo. Malheiros, 1999, p. 98. Neste sentido, as funções sociais da cidade seriam uma norma princípio constitucional fundamental, conforme se sustentará no capítulo IV.

---

43 Como a dignidade da pessoa humana, inserta no art. XX da Constituição.

44 Como, por exemplo, os princípios da administração pública, previstos no art. 37 da Constituição, ou da livre iniciativa, incluso no art. 170.

45 BONAVIDES. Curso de direito constitucional, p. 120. Consequentemente, "violar um princípio é muito mais grave que transgredir uma norma qualquer. A desatenção ao princípio implica ofensa não apenas a um específico mandamento obrigatório, mas a todo sistema de comandos. É a mais grave forma de ilegalidade ou inconstitucionalidade, conforme o escalão do princípio atingido, porque representa insurgência contra todo sistema, subversão de seus valores fundamentais, contumélia irremissível a seu arcabouço lógico e corrosão de sua estrutura mestra." BANDEIRA DE MELLO. Curso de direito administrativo, p. 903.

tema, servindo como fonte das fontes para as demais normas, conferindo coerência e unidade ao sistema.[46]

A outra nota peculiar, o outro critério que permite a seleção das normas princípios diz respeito à sua forma de representação e de incidência, já que estas não se destinam à ordenação de comportamentos ou questões específicas, de forma mais concreta.

Com efeito, verifica-se nos ordenamentos jurídicos que existem normas dotadas de elevado, de maior grau de abstração[47], visando incorporar ao sistema não apenas soluções para pré-determinados conflitos da vida em sociedade, mas sim que funcionam como verdadeiros pressupostos de construção destas e de tantas outras possíveis soluções para os mais variados interesses juridicamente protegidos, delineando, a um só tempo, a produção de atos jurídicos derivados no âmbito dos poderes competentes - no Brasil o legislativo, o executivo e o judiciário[48].

---

46 Porque, diga-se, "todo discurso normativo tem que colocar, portanto, em seu raio de abrangência os princípios, aos quais as regras se vinculam". BONAVIDES. Curso de direito constitucional, p. 259. Assim, "fazem eles o equilíbrio e a essencialidade de um sistema jurídico legítimo. Postos no ápice da pirâmide normativa, elevam-se, portanto, ao grau de normas das normas, de fontes das fontes". Op. cit. p. 294.

47 Outra não é a percepção de Willis Santiago para quem "umas das características dos princípios jurídicos que melhor distinguem das normas que são regras é sua maior abstração, na medida em que não se reportam, ainda que hipoteticamente, a nenhuma espécie de situação fática, que dê suporte à incidência de norma jurídica. GUERRA FILHO, Willis Santiago. Processo constitucional e direitos fundamentais. São Paulo: Celso Bastos, 1999, p. 52.

48 Também nesta direção, preleciona Eros Roberto Grau: "A interpretação do direito deve ser dominada pelas forças dos princípios; são eles que conferem coerência ao sistema". GRAU. Ensaio e discurso sobre a interpretação/aplicação do direito, p. 51. Isto quer dizer que, por suas características, os princípios são normas relevantes para solução das questões e produção

de regras destinadas também à atividade de interpretar e aplicar as normas, isto é, sobre a questão da hermenêutica jurídica que, segundo lição clássica, tem por objeto o estudo e a sistematização dos processos aplicáveis para determinar o sentido e o alcance das expressões do direito. MAXIMILIANO, Carlos. Hermenêutica e aplicação do direito. Rio de Janeiro: Forense, 1995, p. 01. Sobre a polêmica questão da interpretação, têm se dedicado alguns autores. Por todos, Lênio Streck. Dentre outras observações relevantes, tem suscitado o autor que há uma crise de paradigma no âmbito das Instituições encarregadas de administrar a justiça e que, por mais que os juristas, especialmente aqueles que se dizem práticos ou pragmáticos, digam que o que importa é "resolver casos", reafirma que o direito e a democracia não sobrevivem sem uma adequada teorização. Isto porque, constata o jurista que é de rigor a explicitação das condições para o adequado fornecimento de respostas (decisões) que estejam em conformidade com a Constituição. Ressalta, nesta toada, que não é qualquer um que pode, deve ou que sabe interpretar a lei. Prosseguindo, chama a atenção para um dado relevante: por razões de baixa densidade hermenêutica, os intérpretes (tribunais, etc) lançam mão de ampla discricionariedade, usando, inclusive, inadequadamente a teoria dos princípios. E concluí: "o direito não pode ser aquilo que os juízes e tribunais dizem que é. Essa concepção, além de cética e sofística (veja-se, neste caso, mais uma vez a crítica de Hart à concepção cética), mostra-se antidemocrática. Nem vou falar aqui dos realistas norte-americanos que encantam ainda muito juristas brasileiros. Também não vou convocar os realistas psicologistas escandinavos ou os adeptos da análise econômica do direito. Para todos, o direito é aquilo que os juízes dizem que é." Segundo Streck, "O que deve ser entendido é que a realização/concretização desses textos (isto é, a sua transformação em normas) não depende – e não pode depender – de uma subjetividade assujeitadora (esquema S-O), como se os sentidos a serem atribuídos fossem fruto da vontade do intérprete". Por fim, estabelece que para uma teoria ser realmente pós-positivista, deve "a) ter a compreensão do nível teórico sob o qual estão assentadas as projeções teóricas efetuadas, ou seja, uma teoria pós-positivista não pode fazer o uso de mixagens teóricas;" e "b) enfrentar o problema do solipsismo epistemológico que unifica todas as formas de positivismo (aqui, como já se viu, o campo jurídico brasileiro é fértil nessa perspectiva, por se excessivo arraigamento à epistemologia e à filosofia da consciência)". STRECK, Lenio Luiz. O que é isto - decido conforme minha consciência? Porto Alegre: Livraria do Advogado, 2010, p. 84, 95, 104. Confira-se também deste autor, STRECK, Lenio Luiz. Hermenêutica Jurídica e(m) Crise. Porto Alegre: Livraria do Advogado, 2011. STRECK, Lenio Luiz. Verdade e Consenso. São Paulo: Saraiva, 2011. STRECK, Lenio

A incorporação, a presença de normas com essa conformação é uma necessidade dos sistemas jurídicos contemporâneos, fundados no que se denomina estado social democrático de direito as quais, por força destas razões, são comandos transmitidos pela ordem jurídica mediante enunciados dotados de maior abrangência e generalidade[49], cujo conteúdo é extraível neces-

Luiz. Jurisdição Constitucional e Hermenêutica. Porto Alegre: Livraria do Advogado, 2004. Disto também já cuidou Celso Antônio Bandeira de Mello, em parecer citado pelo Ministro Marco Aurélio por ocasião de julgamento no Supremo Tribunal Federal, que "no exercício gratificante da arte de interpretar, descabe 'inserir na regra de direito o próprio juízo - por mais sensato que seja - sobre a finalidade que conviria fosse por ela perseguida' " STF, Pleno, RE nº 166.772/RS, Rel. Min. MARCO AURÉLIO, DJ 16.12.94.

49 Para alguns, destas normas decorrem um plexo de significações, comumente denominadas de conceitos jurídicos indeterminados, relacionados à linguística. Guastini, Ricardo. Das fontes as formas. São Paulo: Quartier Latim, 2005, p. 185. Segundo Eros Grau, a peculiaridade dos conceitos jurídicos é que eles não são referidos a objetos, mas a significações. Ou seja: o "objeto" do conceito jurídico não existe "em si", ou seja, dele não há representação concreta, nem mesmo gráfica. Os conceitos jurídicos são signos de significações (signos de primeiro grau) atribuíveis a coisas, estados ou situações. Portanto, são signos de segundo grau, pois têm como objeto uma significação atribuível à coisa, estado ou situação. Por essa razão, sustenta o autor ser mais adequada a expressão termos indeterminados de conceitos, uma vez que o conceito é uma abstração, uma suma de idéias e, como tal, deve ser, no mínimo, determinado. GRAU, Eros, Direito, Conceitos e Normas Jurídicas, São Paulo, Revista dos Tribunais, 1988, p. 58. Já Celso Antônio Bandeira de Mello posiciona-se no sentido contrário, afirmando que indeterminados são os conceitos, e não os termos. Afirma que "a imprecisão, fluidez, indeterminação, a que se tem aludido residem no próprio conceito e não na palavra que os rotula (...) Se a palavra fosse imprecisa – e não o conceito – bastaria substituí-la por outra ou cunhar uma nova para que desaparecesse a fluidez do que se quis comunicar". Discricionariedade e Controle Jurisdicional. São Paulo, Malheiros, 2003, p. 21.Tércio Sampaio Ferraz, com muita precisão, ensina que "a determinação do sentido das normas, o correto entendimento do significado dos seus textos e intenções, tendo em vista a decidibilidade de conflitos, constitui a tarefa da dogmática hermenêutica (...) O propósito básico do jurista não é simplesmente

sariamente da leitura de outras normas – e, neste sentido, muitas vezes confirmados por normas regras que o fundamentam.

compreender um texto, mas também determinar-lhe a força e o alcance". Introdução do Estudo do Direito – Técnica, Decisão e Dominação, 2ª ed, São Paulo, Atlas, 1994, p. 256. Sobre a relação do direito e linguagem, cuidam diversos estudiosos. É de Paulo de Barros Carvalho pertinente alerta: "Sejamos coerentes com a premissa escolhida. Se fixamos o pressuposto de que o direito positivo é uma camada lingüística, vazada em termos prescritivos, com um vetor dirigido ao comportamento social, nas relações de intersubjetividade, nada mais natural que apresentarmos a proposta e interpretação do direito como um sistema de linguagem. E o conhecimento de toda e qualquer manifestação de linguagem pede a investigação de seus três planos fundamentais: a sintaxe, a semântica e a programática. Só assim reuniremos condições de analisar o conjunto de símbolos gráficos e auditivos que o ser humano emprega para transmitir conhecimentos, ordens, emoções ou formular perguntas. E a linguagem do direito positivo é transmissora de ordens, substanciadas em direitos e deveres garantidos por sanções. " Mas, como salienta Paulo de Barros Carvalho, isso se aplica a todas as normas jurídicas, inclusive às normas regras. Explica que "por analogia aos símbolos lingüísticos quaisquer, podemos dizer que o texto escrito está para a norma jurídica tal qual o vocábulo está para sua significação. Nas duas situações, encontraremos o suporte físico que se refere a algum objeto do mundo (significado) e do qual extraímos um conceito ou juízo (significação). Neste diapasão, conclui: "a norma jurídica é exatamente o juízo (ou pensamento) que a leitura do texto provoca em nosso espírito. Basta isso para nos advertir que um único texto pode originar significações diferentes, consoante as diversas noções que o sujeito cognoscente tenha dos termos empregados pelo legislador. Ao enunciar os juízos, expedindo as respectivas proposições, ficarão registradas discrepâncias de entendimento dos sujeitos, a propósito dos termos utilizados. " CARVALHO, Paulo de Barros. Curso de Direito Tributário. São Paulo: Saraiva, 2004, p. 98-99. De fato, como preleciona Hospers, qualquer palavra ou expressão é conveniente, na medida em que nos colocamos de acordo sobre ela e a usamos de maneira adequada. As palavras ou expressões manifestam, somente, o estabelecido, convencionalmente, pela linguagem comum ou científica e não estão ligadas a exclusivas essências conceituais, determinadas como verdadeiras e únicas. HOSPERS. Introducción al Análisis Filosófico, Tomo I, Buenos Aires, Abeledo Perrot, 1966, p. 35

Disto decorre que possuem uma terceira qualidade peculiar: ao contrário das normas regras, as normas princípios podem ser positivadas de forma implícita.

4.3. Nova visão crítica para a teoria e o conceito dos princípios jurídicos

O tema dos princípios jurídicos, notadamente sobre a ótica dos denominados "neoconstitucionalismo" e "pós-positivismo", marcos teóricos e filosóficos que, por carência de base metodológica, ontológica e epistemológica, se quer se sustentam enquanto teorias, mas dominam a cena – e moda – jurídica brasileira há décadas, causa grande prejuízo ao desenvolvimento econômico, social e a sustentabilidade do país, os quais são fundamentos da República Federativa do Brasil, enquanto estado democrático de direito, a teor dos artigos 1º a 4º da Constituição de 1988.

Esse problema se agrava nas decisões de Tribunais onde vigora o maior inimigo do direito individual fundamental e humano basilar da segurança jurídica: a principiologização do direito. Com efeito, esta é grave risco para o estado democrático de direito.

Desse modo, tal qual Streck, "afastei-me do neoconstitucionalismo porque ele aposta em elementos não democráticos, como a ponderação e a discricionariedade judicial." O levantamento bibliográfico, de marcos, de referenciais jurisprudenciais e a checagem dos diversos atos normativos constitucionais e infraconstitucionais, gerais e individuais, produzidos no Brasil, revelam um controverso tratamento conferido aos denominados "princípios do direito" pelos operadores – cientistas, produtores, intérpretes e aplicadores – do direito.

Não há uniformidade, em rigor, há muita divergência no que tange a quais seriam os princípios do direito brasileiro e as consequências que dos mesmos derivam para a ordenação das relações dos homens e das instituições com o meio ambiente. Grande parte da celeuma decorre de uma recorrente impropriedade científica cometida pelos teóricos da matéria: antes de enfrentar o problema, não estabelecem as premissas menores, isto é, não deixam claro ao seu interlocutor o que se entende por princípio. Com efeito, a própria teoria dos princípios é objeto de inúmeras divergências entre os mais abalizados doutrinadores pátrios. E abordar os princípios de direito.

Mas disto não gera a impossibilidade, ou ao menos impropriedade, da designação, do ponto de vista jurídico, do conceito pronto e acabado do que é direito, face mesmo à sua polissemia. Isto não significa que não se possa alvitrar uma definição que tente apontar a sua essência notadamente a partir das noções de normatividade, institucionalidade e coercibilidade próprias do direito , ultimadas para a consecução de uma suposta estabilidade, segurança jurídica e pacificação social.

Pretende-se, desta forma, apresentar um dos possíveis e não exclusivos marcos teóricos para a definição dos princípios jurídicos de direito ambiental, fazendo de modo disciplinado, mediante um conhecimento que se quer científico, a partir da delimitação e utilização de pressupostos de conhecimento devidamente indicados e destrinchados, precisão do objeto dos institutos em apreciação, preconizados, se não por um trabalho pronto e acabado, mas pela constatação basilar de Descartes, para quem "quando não estáem nosso poder discernir as mais verdadeiras opiniões, devemos seguir as mais prováveis; e, ainda que não observemos mais probabilidade numas do que nas outras, devemos mesmo assim nos decidir por algumas, e considerá-las a seguir não mais como duvidosas, na medida em que se relacionam à prática, mas como muito verdadeiras e muito certas, porque a razão que nos fez decidir por elas se apresenta como tal."

Ocorre que, ao contrário de inúmeras contraditas, o direito positivo, enquanto teoria jusfilosófica, propõe-se a afirmar o direito enquanto ciência, a partir da delimitação do seu objeto singular - a norma jurídica – e apontamento dos métodos de sua operação - com base na análise das relações prescritivas, configuradas pelas relações de validade entre as normas jurídicas e naquelas descritivas, cujo resultado pode ser verdadeiro ou falso, útil ou inútil, corroborável ou falseável, fundadas numa conjectura em que referidas normas integram um sistema, caracterizado pela unidade, coerência e completude.

Do exposto, verifica-se que, em detrimento do quanto asseverado em sentido contrário, definir a ciência jurídica e seu objeto, no sentido proposto por Kelsen, até mesmo para quem discorda do multimencionado jurista, é substancialmente relevante para a concretização das normas, mas não o é – e nem poderia ser, pena do colapso do sistema – para inovar o sistema, no sentido de por uma norma validamente. E esta atividade descritiva, vale ressaltar, será mais útil e determinante para auxiliar a operação de normas e influenciar a sua transformação, interferindo, destarte, no conteúdo do direito (composto pela complexa relação destes fatores), na exata medida em que exercida a partir de critérios científicos, mediante objeto e método que, no mínimo, sejam previamente revelados pelo pesquisador, como se propôs, em cerne, a Teoria Pura do Direito.

Abancada a premissa menor adotada, destacadamente o que se entende por princípio para efeitos do direito, como, onde e quando encontrá-los, assim como a suas características peculiares e funções, inclusive por tudo que foi descrito no tópico anterior, resta sedimentado o caminho para definirmos o que é princípio jurídico, que se diferencia de princípios morais, de princípios gerais do direito e de outros assemelhados.

A propósito desta tese, ao contrário do que consta dos recorrentes autores que se debruçam sobre o tema, por rigor metodológico define- -se13, de plano, os princípios jurídicos14 como normas jurídicas que: (i) consubstanciam ordens de conduta prescritivas15; (ii) postas de forma explícita ou implícita; (iii) em determinado sistema jurídico vigente, (iv) as quais se situam, (iv.1) quanto a produção de novas normas – tipicamente pelo legislativo e atipicamente por outros poderes em plano hierárquico superior ao das regras integrantes do mesmo nível sistemático, por serem dotadas de alto grau de generalidade e abstração que não resultam em incidência limitada a determinados casos concretos e pelas quais se incluem na ordem valores jurisdicizados na forma comandos, consubstanciando prescrições16 fundamentais, que condicionam os mais diversos interesses juridicamente protegidos à produção de novas noras, frise-se, (iv.2) mas que, contudo, quando da aplicação concreta pelo judiciário e executivo, tipicamente, são eivadas de caráter inferior hierarquicamente as regras, que são claras, objetivas, seguras e garantidoras da liberdade, (v) razoes pelas quais, teleologicamente, os ditos princípios jurídicos assumem um caráter construtivo e operativo.

Pelo exposto, a propósito desta obra define-se[50]

50 Das diversas formas de conceituar princípios, cita-se as seguintes: para Celso Antônio Bandeira de Mello, são o "mandamento nuclear de um sistema, verdadeiro alicerce dele, disposição fundamental que se irradia sobre diferentes normas compondo-lhes o espírito e servindo de critério para sua exata compreensão e inteligência exatamente por definir a lógica e a racionalidade do sistema normativo, no que lhe confere a tônica e lhe dá sentido harmônico. BANDEIRA DE MELLO. *Curso de direito administrativo*, p. 902-903. Para Celso Ribeiro Bastos "os princípios constitucionais são aqueles que guardam os valores fundamentais da ordem jurídica. Isto só é

o princípio jurídico[51] como norma jurídica que consubstancia

possível na medida em que estes não objetivam regular situações específicas, mas sim desejam lançar sua força sobre todo o mundo jurídico. Alcançam os princípios esta meta à proporção que perdem o seu caráter de conteúdo, isto é, conforme vão perdendo densidade semântica, eles ascendem a uma posição que lhes permite sobressair, pairando sobre uma área muito mais ampla do que uma norma estabelecedora de preceitos. Portanto, o que princípio perde em carga normativa ganha como força valorativa a espairar-se por cima de um sem-número de outras normas". BASTOS. *Curso de direito constitucional*. p. 245. Para Roque Carrazza, "Princípio jurídico é um enunciado lógico, implícito ou explicito, que, por sua grande generalidade, ocupa posição de preeminência nos vastos quadrantes do Direito e, por isso mesmo, vincula, de modo inexorável, o entendimento e aplicação das normas jurídicas que com ele se conectam. " CARRAZZA, Antonio Roque. Curso de direito tributário. São Paulo: Malheiros, 1997, p.31.

51 Urge trazer a colação o pertinente alerta de Arx da Costa Tourinho, para quem é necessário se distinguir os princípios jurídicos, ou seja, aqueles inseridos na normatividade, num sistema positivo de normas, e os princípios gerais do direito. Os primeiros, necessariamente, estão conformados no âmbito normativo, diga-se, positivados, cuja base está na norma da Lei Maior. Os princípios gerais de direito, por seu turno, são diretrizes que vivem e sobrevivem graças ao entendimento doutrinário, ou metajurídico. Não têm caráter normativo, embora exerçam influência na interpretação e aplicação das normas. TOURINHO. Temas em direito, p. 34-35. Acrescenta-se a estes ensinamentos que, conquanto não possuam normativo, os princípios gerais do direito possuem relevância jurídica, ao menos para o ordenamento brasileiro que os considera como método de integração do sistema, consoante disposto pela Lei de Introdução ao Direito Brasileiro, em seu art. 4º. No mesmo sentido, Tavares afirma que "a expressão 'princípios gerais do direito' ora equivale a uma concepção axiomática, de valores absolutos e universais, derivados do jusnaturalismo racionalista, ora deduz-se do ponto de vista positivista, porquanto valores subjacentes à norma escrita (aqui como noção reducionista de regra jurídica), com função meramente supletiva das lacunas jurídicas TAVARES, André Ramos. Elementos para uma Teoria Geral dos Princípios na perspectiva constitucional. In: LEITE, George Salomão (org.). *Dos princípios constitucionais: Considerações em torno das normas principiológicas da Constituição.* São Paulo: Malheiros, 2003, p. 28. Aparentemente em sentido contrário desta distinção, Eros Roberto Grau leciona: "Note-se que o não discernimento da circunstância de norma jurídica ser o gênero do qual espécies são as regras e os princípios

ordens de conduta prescritivas[52], sendo norma de base para a produção legislativa e, apoiada em regras, para decisão executiva e judiciária, ou na ausência das regras, colmatação de lacuna, sem contrariar a lei e inovar a ordem jurídica posta de forma geral e abstrata, mas resolvendo apenas o caso concreto[53].

Isto significa que, como é próprio e essencial nas normas jurídicas, têm elas no seu bojo a outorga de obrigações, permissões, faculdades, atribuições e o seu descumprimento causa a correspondente consequência sancionadora, a qual poderá ser imputada e exigida mesmo contra a vontade do infrator.

gerais de direito, é que conduz o estudioso do direito a, equivocadamente equiparar regras e norma jurídica – o que torna hermético o tema dos princípios jurídicos" Grau, Eros Roberto. Licitação e Contrato Administrativo - estudos sobre a interpretação da Lei), São Paulo, Malheiros, 1995, p 16.

52 Em sentido similar, CAMMAROSANO, Márcio. Direito administrativo, urbanístico e ambiental: interfaces. *In* BEZNOS, Clóvis; CAMMAROSANO, Márcio (Coord.). Direito ambiental e urbanístico: estudos do Fórum Brasileiro de Direito Ambiental e Urbanístico. Belo Horizonte: Fórum, 2010, p. 11-19, p. 13.

53 Construtivo e operativo no sentido de que confere unidade, exprime prescrições coativas-sancionadoras, delineia e fundamenta a operação das normas jurídicas.

Parte V

RELAÇÃO ENTRE DIREITO, NORMA E PRINCÍPIPO JURÍDICO: PARA UMA MELHOR COMPREENSÃO DOS TEMAS

Como visto, a expressão direito e este como fenômeno jurídico tem vários significados, sendo relacionados ao ato e vontade humana, em oposição aos fenômenos naturais, a um conjunto, sistema, ordenamento, de normas jurídicas vigentes em determinado estado, e os direitos subjetivos e objetivos daí derivados, bem como na qualidade científica – como ciência própria, específica, ou o direito como objeto de outras ciências.

Já a noção de norma e princípio, tem suas nuances e signos próprios, com uma gama, uma verdadeira diversidade de significado, conteúdo e repercussões. Porém, quando alicerçados, quando relacionados ao direito, podemos já fazer uma primeira redução aos termos norma jurídica e princípios jurídicos, sendo estes, portanto, parte do direito e, por conseguinte, com ao menos três acepções: a de fenômeno humano de ordenação de conduta, a de conjunto de prescrições, de ordenamento, soma de direitos e deveres (de leis, normas, regras, princípios, postulados, enfim), e, por fim, a posição científica (no caso, a de objeto da ciência, pois que seria de um reducionismo metodológico impróprio e inútil sustentar a ciência das normas ou a ciência dos princípios).

Daí porque, a priori, já se pode identificar a primeira relação necessária entre os três fenômenos: são humanos, são jurídicos (no sentido normativo/prescritivo) e são científicos.

A partir desse pressuposto, pode-se concluir que a definição, o conceito de direito, de norma jurídica e dos princípios jurídicos, que se apresentam são, necessariamente, reflexo da premissa que aquele que descreve essas instituições parte.

Se aquele que se dispõe a conceituar parte da acepção do direito como fenômeno humano amplo, de ordenação de conduta, sem reduzir a sua nota específica (a sua composição por normas jurídicas prescritivas, postas ou não), a consequência será a de que o direito será um fenômeno de ordenação de conduta humana como outro qualquer, como a moral e a religião, ou parte destes, a norma jurídica também se confundirá com outras normas e o direito não será ciência ou, pelo menos, não será uma ciência pura.

Por sua vez, se a base da conceituação partir da noção de direito como fenômeno meramente normativo prescritivo, a conceituação será a de definir e confundir o direito e a norma, pelo que deixará de lado os pressupostos essenciais que condicionam o conhecimento, a interpretação e aplicação das normas jurídicas, pois que as mesmas são parte do direito como todo, tendo, portanto, influxos de ordem humana e suas variáveis (sociais, econômicas, religiosas, espirituais, políticas, etc), de ordem meramente normativa-jurídica e de ordem científica.

Finalmente, se aquele que se dispõe a conceituar os temas aqui abordados confundir ou reduzir o direito a ciência e seu objeto, recairá num sofisma, porque nada é apenas ciência, nem aquelas ditas matérias exatas (matemática, física, etc).

Daí porque, pode-se concluir que o problema da compreensão do direito e dos demais fenômenos e institutos a este inerente não é filosófico, não é metodológico, não da norma jurídica, mas daquele que se dedica a analisar o fenômeno jurídico.

Ademais, em rigor não há, ou ao menos, não deveria haver, dificuldades, batalhas acadêmicas, críticas as várias formas de se apreender, aprender e ensinar o direito, seja científica ou filosoficamente, porque a complexidade e a essência multifacetada desde fenômeno comportam vários meios de representá-lo, descrevê-lo e compreendê-lo.

Noutras palavras: o positivismo – que não é formalismo, como a grande maioria dos juristas confundem - não foi superado – falar em pós-positivismo é tão absurdo, que até o rótulo dessa corrente de pensar é inadequado, apesar do seu conteúdo ter alguma pertinência e utilidade, nem superou o jusnaturalismo. O realismo não é melhor, nem pior do que a livre investigação científica. São todos adequados e úteis a análise do direito em suas diversas dimensões.

O grande desafio do fenômeno jurídico, portanto, não é de sua compreensão, conceituação. Não é filosófico e nem da ciência do direito. É de interpretação e aplicação.

Portanto, o grande problema, o grande gargalo jurídico não é jurídico, não é de direito. É de hermenêutica – ainda que de hermenêutica jurídica ou do direito. E este problema reside, especialmente, no que concerne a forma, ao procedimento e controle, social, moral e jurídico do ato de concreção, de exteriorização, de repercussão concreta do direito.

É por isso que, em rigor, aqueles que se interessam pelo direito, estudam, interpretam e aplicam, notadamente os cientistas do direito ou que tem por objeto de sua pesquisa o direito, precisam dedicar mais tempo, inteligência e produção a investigação, ao problema, à questão de como exercer e controlar a atividade de dar a última palavra do que é o direito em concreto, isto é, dos atos do estado-magistrado, apresentando soluções compatíveis com o direito em suas variadas acepções.

Exorta-se, desta forma e por derradeiro, a não concentrar tanta energia e conflito em "batalhas epistemológicas", sobre qual a melhor ou a pior forma de pensar e compreender o direito, ainda mais para desqualificar essa ou aquela, e mesmo pretender superar uma determinada corrente do pensamento jurídico, sociojurídico ou *jusfilosófico*. O problema não é o que é o direito, a norma jurídica e a solução não são os princípios jurídicos ou qualquer outra mera classificação de dados. O enigma atual do direito é de sua interpretação e aplicação, consequentemente, de hermenêutica - jurídica, diga-se.

Parte VI

PÓS-ESCRITO – ATIVISMO JUDICIAL: CAUSAS – PROBLEMAS – SOLUÇÕES

I. O que é o ativismo judicial e as suas causas

Aprende nas faculdades de direito uma lição básica: o poder judiciário é inerte. Isto é, entre os três poderes da clássica tripartição, é o único que não pode agir e nem se movimentar, salvo se for provocado.

Portanto, de logo, pode se afirmar que o "ativismo judicial" é uma contradição em termos. O que existe é o inativismo judicial, o qual somente pode, em rigor, atuar, quando e se provocado, sempre, para solucionar conflitos, aplicar a lei, jamais inovando o ordenamento jurídico com soluções e decisões que criem algo que não esteja previsto na lei

Então, o que seria o tal "ativismo judicial". Termo surgido a quase um século, nos dias atuais define a atuação expansiva e proativa do Poder Judiciário, as quais, em larga medida, inovam a ordem jurídica ou executam políticas públicas, acabando por interferir e usurpar competências e prerrogativas e outros poderes.

As questões relacionadas ao estudo do direito, das normas jurídicas, das leis, são deveras complexas. Estas inflexões decorrem, de logo, da própria ambiguidade dos termos em referência, sua polissemia, indo para além da própria compreensão do que é o direito, a norma e a lei.

Não se desconhece que a dificuldade é ainda maior quando os temas são explanados de modo diverso, conforme a ideologia assumida por cada um dos estudiosos, os cientistas, e os intérpretes, aplicadores, enfim, dos denominados operadores do direito. Mais grave quando referimos ao Poder Judiciário, o mais poderoso de todos, no Estado Democrático Brasileiro, uma vez que é o que dá a última palavra nas questões em conflitos e, por conta do denominado ativismo, também tem produzido leis e executado as diretrizes de políticas públicas.

Daí porque é comum, no âmbito doutrinário, certo ceticismo ou mesmo mal tratamento do tema proposto, justificado pela política ou de se ater ao ponto de vista jurídico,

Pretende-se, desta forma, apresentar críticas à teoria e às consequências práticas do ativismo, como hoje vivenciado no Brasil, tendo como principal pano de fundo, ou mesmo, suas causas, a luta pelo poder, entre poderes, a proeminência conferida ao judiciário, seja pelo excesso de judicialização, mas também por bases dogmáticas impróprias, notadamente a partir das teorias do neoconstitucionalismo e pós-positivismo, que arrastam o Brasil a um estado de coisas inconstitucionais e antidemocráticas, em pleno Século XXI.

Neste sentido, uma primeira causa do ativismo judicial começou com a equívoca demonização do positivismo jurídico, a negação da lei e dos poderes executivos e legislativos, aprofundadas no pós-guerra, e declamadas como as grandes causas dos males da humanidade. Ledo engano.

Primeiro, o positivismo jurídico não se constitui em teoria que se presta à redução do direito - enquanto dado da realidade – à mera condição ou sinônimo de norma e nem mesmo que a atividade do cientista do direito ou do seu operador – ou aplicador – é adstrita a uma mera subsunção entre fatos e normas postas. Em rigor, a utilização do método positivista não retira do direito a sua relação com outros fenômenos, outras ciências, não o torna avalorativo e nem transforma o seu operador num mero exegeta mecanicizado. Trata-se de ato útil, que se aperfeiçoa na exata medida em que o cientista que dele se vale define, previamente, premissas que são indispensáveis à obtenção de resultados sujeitos à prova, passíveis de falseabilidade, de teste, exigível ao conhecimento científico.

Segundo, o positivismo não se confunde com o formalismo. Muito menos foi a teoria que justificou o Nazismo e o Fascismo, baseados nas teorias institucionas de Schmidt. Muito pelo contrário. Estas se aproximam muito mais do ativismo vivido hoje, incontrolável e usurpador de poder, do que o estado de direito que vige o império da lei, sob todos, inclusive sob o judiciário e sua minoria – felizmente – de juízes ativistas (verdadeiros políticos, alguns déspotas).

Sob o paradigma da inserção de valores, de justiça, de densidade moral à ordem jurídica, ao lado da superelevação da importância – e consequente incontrolabilidade - da função do julgador como fator de aproximação da ordem jurídica aos anseios sociais, a "moderna" filosofia jurídica "pós (e ou neo)-positivista" concentra-se na noção de princípio, mistura a criação, a interpretação e aplicação da norma, sem antes deixar claro as bases epistemológicas de construção deste raciocínio.

Não obstante, Carrió sustenta que a expressão positivismo jurídico tem sido tomada para designar uma variedade muito heterogênea de atitudes, teses e concepções relacionadas com o fenômeno jurídico. Busca, então, esclarecer o que poderia significar o positivismo jurídico, o qual, segundo este autor, pode ser tomado como método, separando Direito e Moral em universos distintos. Também pode ser entendido como ideologia, defendendo o dever moral de obedecer às normas. Igualmente, pode designar um conjunto de teses sobre a natureza do Direito Positivo, das normas jurídicas, das fontes do Direito, das propriedades características dos ordenamentos jurídicos e da função desempenhada pelos juízes.

Por estas razões, não procede a afirmação segundo a qual o suposto foco da Teoria Pura do Direito seria reduzir os fenômenos jurídicos a uma visão exclusivamente normativa, ordenando-os de modo coerente, distinguindo o ser do dever-ser, mas sim identificar as características peculiares relacionadas a este fenômeno social, fixar o seu objeto e configurar a sua cientificidade, a fim de melhor possibilitar o seu conhecimento – atividade descritiva – e a sua materialização concreta – atividade prescritiva.

O direito de fato, repise-se, é acontecimento que envolve dimensões sociológicas; políticas; econômicas; históricas; éticas. Não é possível dissociá-lo de outros fatos sociais, de outros atos da humanidade, mesmo porque o direito, consoante já firmado, é ordem de conduta humana: interfere, portanto, na realidade.

Já o positivismo jurídico, na concepção da Teoria Pura do Direito, não olvida esse dado da realidade e tampouco reduz o direito à norma. Apenas fixa aspectos fundamentais para a compreensão do direito enquanto ciência, o seu objeto e método, atribuindo relevância, neste particular, à norma jurídica e à sua condição de elemento basilar de formação do sistema jurídico , assim como de objeto própria da ciência que investiga o multicitado sistema.

Impende, pois concluir pela inolvidável importância, atualidade e utilidade do positivismo jurídico no estabelecimento de critérios aptos a apresentar soluções aos temas pertinentes à apreensão do direito, os quais perpassam pela exata distinção entre o direito, a ciência do direito, a escorreita definição do seu objeto e, finalmente, a consideração de que o problema da hermenêutica jurídica é ínsito a uma parte da ciência do direito, a qual não deriva, necessariamente, da noção de norma e suas espécies.

E que, na vigência do positivismo e do formalismo, Hittler não teria feito o que fez, pois imperaria, à época, a lei, uma das mais humanas e protetivas da época, não os arroubos de um soberano qualquer – seja ele um monarca, ou esteja ele no executivo, no legislativo, ou no Judiciário, como hoje.

Concentração e falta de controle geram abuso e desvio de poder. Isso é básico. Ausência de limites legais, previamente estabelecidos por outro poder que não o julgador, também.

Assim sendo, a partir das indevidas críticas das modernas correntes jusfilosóficas, rotuladas como "pós" ou "neopositivistas", de que é o positivismo incompatível com a promoção de valores socialmente aceitos, almejados, ou de aproximação do direito à noção de justiça.

Diante do exposto, ao contrário do que pensávamos há dez anos, entendemos que essas teses são e foram revolucionárias. Não é anti-normativista, mas é contra a a harmonia e controle dos poderes, pois através do dito processo da interpretação da lei, dito adequado e mutável à realidade, vozes das ruas, moralidade dominante e outras abstrações, traz à baila s elementos que passam a circundar e nortear a incorreta hermenêutica constitucional, com ampliação e extensão da mesma, para transformar juízes em verdadeiros legisladores e governantes.

Vale ressaltar, quanto s teorias pós-positivistas e nbeoconstitucionalistas, que a grande contradição de suas teorias à Teoria Pura do Direito decorre da divergência da base do estado de direito: segurança jurídica e pacificação social, a partir da supremacia da norma e do voto popular, com repartição e equilíbrio de poder, garantido pelo positivismo, ou uma moldura legal aberta, com insegurança e capacidade criacionista do seu intérprete e aplicador com força soberana, incontrolável e cogente, acima dos limites e até contra a lei, no caso o judiciário. Criou-se um monstro.

Ora, não é acertado afirmar que a forma positivista ou até a formalista-legalista de elucubrar o direito não se coaduna com a categorização das normas jurídicas em gêneros, compostos pelas espécies regras e princípios – estes que supostamente trariam para dentro do sistema jurídico as citadas noções até então excluídas pelos paradigmas positivistas. À toda evidência, isto não é incompatível, ao contrário, é potencializado pelo positivismo, desde que pertencentes ao sistema, acoplados pelo rito previsto pelo próprio sistema, mas jamais desprovido de fundamento normativo, isto é, assentado em pressupostos estranhos à ordem jurídica em vigor, assim considerada enquanto conjunto de normas válidas.

Do exposto, verifica-se que, em detrimento do quanto asseverado em sentido contrário, definir a ciência jurídica e seu objeto, no sentido proposto por Kelsen e outros positivista, até mesmo para quem discorda do multimencionado jurista, é substancialmente relevante para a concretização das normas, mas não o é – e nem poderia ser, pena do colapso do sistema – para inovar o sistema, no sentido de por uma norma validamente.

II. Problemas do ativismo judicial

Há décadas, pós Constituição de 1988 e com base em teorias como o neoconstitucionalismo e o pós-positivismo, o famigerado vem ocorrendo, corroendo a democracia e ruindo os pressupostos do estado de direito, notadamente o equilíbrio e harmonia entre poderes, visto que o Judiciário passa a ser um super poder, bem como a soberania popular, já que é o único poder sem alternância e sem assunção do cargo máximo pelo voto direto.

Note-se como se dá. Por exemplo, o ex-Ministro e ex-Presidente do STF, Ayres Britto, jurista que admirável e a quem se rende todas as homenagens, culto, acima da média, ex-presidente do Supremo, expõe e denota uma aberração jurídica e antidemocrática. Segundo ele: "Fundamental para ordenar o pensamento é entender que, na Constituição de 1988, não há um Supremo Congresso Nacional, menos ainda um Supremo Presidente da República, porém um Supremo Tribunal Federal. Fora dessa ordem que a própria Nação ditou, o que se tem é constituicídio."

Nada mais irracional, ilógico, antidemocrático e inconstitucional.

Primeiro porque o supremo só de chama supremo para fins de distinguir o mesmo dos demais tribunais denominados Superiores. Questão de lógica e terminologia, sem efeito jurídico e democrático significativo, como quis dar Ayres Britto.

Segundo porque, Ministro, supremo, na Constituição e numa Democracia, é o povo e quem representa ele pelo voto, jamais um Tribunal, ainda mais quando o acesso a esse cargo, vitalício (o que não é lá tão democrático), é sem participação do povo e derivado de muitos encontros e lobbys secretos.

Finalmente porque a Constituição não positivou um poder como superior ou supremo ao outro, mas sim como harmônicos e não hierárquicos entre si.

Isso só confirma um dos maiores culpados pela crise democrática vivida: o ativismo ilegal e ilegítimo, do Judiciário, que se acha supremo, acima até do povo. A fala de Ayres Britto revelou o verdadeiro golpe contra o país e a Constituição, mais im arroubo de um nefasto Supremo Ativismo Antidemocrático.

E é possível demonstrar, ainda, com teoria e com casos práticos do próprio STF.

Por várias vezes identifiquei, como em 2014, que uma das causas era o neoconstitucionalismo, o pós-positivismo, que permitiam ao judiciário daqui agir como o institucionalismo, do judiciário Nazista.

Naquela oportunidade, defendi, em artigo, que o STF produzira decisões com interpretações novas da Constituição que retiraram a força normativa de três direitos garantias individuais fundamentais pétreos do sistema jurídico vigente: presunção de inocência penal (ao ensejo do HC 84078), intimidade e privacidade em face da Receita Federal (no julgamento das ADIs 2859, 2390, 2386 e 2397), e direito adquirido a irredutibilidade de vencimentos regularmente obtidos (RE 606358).

Essas três, importantes manifestações da nossa suprema corte, levou-nos a filosofar sobre qual a sua gênese, natureza, ou melhor, em qual marco teórico o STF se legitima: o de Guardião, de Schmitt, ou no de Tribunal Constitucional, de Kelsen?

Segundo Schmitt, toda Constituição e Estado de Direito teria um "Guardião", que deve ser Presidente do Reich (no nosso caso o Presidente da República), pois teria a legitimidade para "guardar" a constituição, em detrimento da Corte Constitucional: "[...] para tornar possível a noção de que justamente o governo – e apenas ele – seria o natural guardião da Constituição, é preciso encobrir o caráter de sua função. Para tanto serve a conhecida doutrina: o monarca é – exclusivamente ou não – uma terceira instância, objetiva, situada acima do antagonismo (instaurado conscientemente pela Constituição) dos dois polos de poder, e detentor de um poder neutro".

Já Hans Kelsen salientava que a intenção de Schmitt não era caracterizar o chefe de Estado como um "terceiro mais alto" ou um "senhor soberano do Estado", um poder "que não está acima, mas sim ao lado dos outros poderes constitucionais". Interpretando o artigo 48 da Constituição de Weimar, Schmitt ampliaria a competência do Presidente do Reich, "de maneira tal que este não escapa de tornar-se senhor soberano do Estado."

Por isso que para Kelsen, nenhum Estado pode prescindir de uma Suprema Corte, pois "a função de um Tribunal Constitucional tem um caráter muito mais político de grau muito maior que a função de outros tribunais – e nunca os defensores da instituição de um Tribunal Constitucional desconheceram ou negaram o significado eminentemente político das sentenças deste - mas não que por causa disso, ele não seja um tribunal e que sua função não seja jurisdicional".

Noves fora impossibilidade e a inconveniência de, neste ensaio, aprofundar a louvável obra dos autores referidos, as teses do Guardião da Constituição e do Tribunal Constitucional, divergem, na essência, quanto a quem cabe dar a palavra final sobre os litígios envolvendo determinações constitucionais: se o Chefe do Executivo (Shcmitt) ou o Judiciário, por meio de uma corte constitucional (Kelsen).

Até então nosso sistema era, por assim dizer, mais kelseniano. Depois destas três decisões, vejo que nenhum dos dois juristas está com a razão, mas sim Dworkin e sua teoria integralista do direito. Para este, há a figura do juiz Hércules, criação por que simboliza as qualidades excepcionais de que deve ser dotado o juiz para reconstruir, com coerência, o direito vigente, em cada caso, para que seja tomada melhor decisão possível amparada, na leitura moral e metajurídica dos princípios integrativos do sistema normativo-jurídico, pois "uma decisão jurídica de um caso particular só é correta, quando se encaixa num sistema jurídico coerente." Isto porque o juiz manda, e manda inclusive para além da norma, podendo decidir conforme prevalências metajurídicas de ocasião (opinião pública e suposta impunibilidade, como no caso da presunção de inocência, por exemplo).

Desta forma, e com base na tese que sustentei em nosso "Conceito de direito, de norma jurídica e de princípio jurídico" (Ed. Dois de Julho, 2015), é que nem é o Guardião, de Schmitt, e nem um Tribunal Constitucional, de Kelsen: o STF é uma casa de Hércules. Ponto para Dworkin!

A partir disso, e com textos desde 2010, todo ano demonstro as inconstitucionalidades, atos antidemocráticos e abusivos do STF.

É possível afirmar que sim, há um estado inconstitucional e antidemocrático em curso, não a mera possibilidade. Mas a responsabilidade, a autoria e a base não é do positivismo jurídico, mas das citadas teorias críticas, repercutindo no STF, com os atos do próprio STF, uma corte que rasga a Constituição como hábito, que faz política e pior, sem legitimidade, em caráter vitalício, perpétuo e incontrolável.

Mas o risco à democracia não é aquele apontado na famosa Carta da USP, de 2022.

Em 1977 o ilustre Goffredo Telles Junior, em plena ditadura, fez a Carta Aos Brasileiros. Documento histórico, respeitado e verdadeiro. Hoje, o saudoso professor, deve está indignado, pois, em plena democracia, usam seu nome e seu bravo ato apartidário, em nome de um projeto elitista, banqueiro e daqueles que dominaram e exploraram o país e o povo, de 1988 à 2018.

A tal Nova Carta da Usp, supostamente em defesa da democracia, pressupõe um golpe imaginário, pois sem atos concretos que justifique. Estamos em plena e pujante democracia, onde o Presidente é atacado, todos os dias, das formas e meios mais perversos e, ao contrário de Lula, por exemplo, não expulsou e nem censurou nenhum jornalista. Primeiro golpe da Carta.

Além disso, a famigerada e incoerente nova carta pela democracia foi assinada por pessoas que já praticaram e/ou apoiaram atos antidemocráticos concretos, inclusive rasgando nossa Constituição, como nos casos de prisões políticas, pedidos de fechamento do STF (de um dos signatários quando surgiu a lava-jato), gente do time do cara que disse que eleições e poder não se ganha, mas se toma.

Na carta, tem signatários com forte relação à corrupção sistêmica. Tem, ainda, aqueles que apoiam, defensem e até financiam ditadores na Venezuela, Cuba, Nicarágua e África.

Tal intempestiva carta, parece se situar num universo paralelo, dissonante do da carta original. A inspiração é algo que como lisérgica, porque hoje nunca se teve tanta liberdade de expressão, uma minoria de partidos sem votos (Rede, Psol) governando por via oblíqua, e um presidente cujos poderes são, a todo tempo, usurpados por outros poderes, inclusive vitalícios e sem voto, portanto, sem a chancela e legitimidade da soberania popular.

Em tal carta, nem em nenhum outro momento, os signatários se manifestam sobre o criacionismo e usurpacionismo (também chamado de ativismo) judicial. Essa, sim, a maior distorção e ameaça concreta à nossa democracia.

A famigerada carta, parece mais um panfleto político, que visa apoiar a candidatura do ex-presidiário, que uniu, em seu em torbo, todas as forças nefastas e que sempre mandaram no país, para, como diz um deles, "voltarem à cena do crime", agora mais fortes e juntos.

Tal carta destoa, por isso e muito mais, da carta original. Perde, assim, a credibilidade e soa mais como mais uma insurreição daqueles que, desde o primeiro minuto, não aceitaram a vontade soberana do povo em 2018. Um ato antidemocrático e um golpe, essa carta, que, certamente, não seria subscrita pelo professor Goffredo, pois que, sem dúvidas, fora do contexto, distorce, explora e desonra a original.

O grande risco, sim, é que, a cada dia o Judiciário assume o protagonismo político no país, seja na criação ou na execução de lei. Como já sustentamos em tese monográfica, muito disso se sustenta nas teorias pós-positivistas, neoconstistucionalistas e do ativismo judicial, expressões estas que, como também já anotamos alhures, configuram contradição em seus próprios termos.

Veja-se os graves problemas e distúrbios. Sabe-se que o STF não tem autorização de criar novas leis, obrigações, restrições ou faculdades ao comportamento das pessoas, muito menos executar políticas públicas. Mas este limite constitucional não vem sendo democraticamente respeitado. Veja-se:

1. Criação do crime de vaquejada, sem lei anterior;
2. Criação do crime de homofobia, sem lei anterior;
3. Criação da permissão de aborto anencéfalo, sem lei anterior que autorize;
4. Criação de inquérito, presidência do mesmo e provocação de provas, sem a atuação do MP;
5. Criação da imprescritibilidade do dano ambiental, sem lei neste sentido;
6. Criação da imprescritibilidade do dano por improbidade, sem lei neste sentido;
7. Criação do prazo privilegiado nas alegações finais, para réu delatado, sem previsão legal;
8. Criação da quebra do sigilo bancário e fiscal pela Receita Federal, independente de autorização judicial, sem previsão legal;

9. Criação da redutibilidade de vencimentos, por PEC, sem respeitar direito adquirido;

10. Fatiamento do impeachment, em conjunto com o Senado, e contra a previsão da lei .

11. Desrespeito ao indulto concedido pelo Presidente da República;

12. Busca e apreensão em empresários sem foro, a mero pedido de parlamentares, sem pedido da polícia ou ministério público e sem, sequer, a obrigatória oitiva prévia deste.

Sobre este último caso, valem algumas considerações.

São inúmeras e incontroversas as inconstitucionalidades e ilegalidades da operação contra empresários, determinada pelo Ministro Alexandre de Moraes:

1. Os empresários não têm foro privilegiado no STF, logo, não poderiam ser "investigados" ou julgados pela Suprema Corte (Art. 102, CF);

2. Não houve distribuição por sorteio. O Ministro Alexandre de Moraes, em um inquérito do fim do mundo, onde cabe tudo e todos, se tornou o juízo universal do tema, em violação ao juiz natural e a vedação ai tribunais de exceção;

3. Min Alexandre de Moraes seria uma "suposta vítima", assim, estaria impedido para ser relator do caso (Art. 252, IV, CPP);

4. O antigo e perpétuo inquérito é ilegal ("milícias digitais"), pois foi aberto de ofício pelo STF (sem pedido da Polícia ou PGR), com violação do Sistema Acusatório;

5. As conversas são privadas. Não poderia ser acessadas como foram, de forma indevida, com violação da

LGPD, da INTIMIDADE e da privacidade, protegidas pela Constituição (Art. 5o, inc. X, XII e LVI, CF);

6. Não há justa causa muito menos requisitos de medidas cautelares tão graves, que podem gerar a morte civil. Os crimes contra o Estado Democrático de Direito pressupõem uma VIOLÊNCIA ou GRAVE AMEAÇA, contudo, não se tem notícia que os empresários (senhores de 60, 70 e 80 anos) praticaram essas condutas contra qualquer Poder da República (Art. 359-L e 359-M, CP);

7. Mais uma vez, em inquéritos atípicos e de exceção, a PGR não foi ouvida previamente à operação, pois o parecer do Ministério Público é sempre prévio (Art. 18, II, h, Lei 75/93);

8. Tudo foi vazado para imprensa, mas advogados ainda não tiveram acesso à decisão.

9. Críticas, sem atos concretos ou preparatórios para um ataque de verdade, NÃO CONFIGURAM CRIME, apenas a LIBERDADE DE EXPRESSÃO;

10. A mais grave: nem a polícia ou o Ministério Público pediram parte das medidas autorizadas, mas um político de oposição e ONGs, sendo que o fundamento da medida foram meras conversas de grupo privado e, inclusive, uma figurinha aposta em um deles.

Ora, tal procedimento, que passou a ser reentrante no judiciário, viola tudo em um devido processo legal e dos tratados de direitos humanos(contraditório, juiz natural, iniciativa acusatória, competência, delimitação do objeto, tipos e sujeitos investigados, duplo grau, sigilo à imprensa, ampla defesa, prerrogativas dos defensores, presunção de inocência).

Vê-se, o caso, com imensa preocupação, recorrências arbitrariedades, no âmbito de inquéritos e procedimentos criminais inusitados e de duvidosa constitucionalidade, com a escalada da notória e alarmante inobservância ao preceito do devido processo legal, assim como dos direitos e demais garantias a esse inerentes, incluindo a usurpação de competências privativas da Procuradoria Geral da República e o desrespeito às prerrogativas dos advogados.

Ademais, é reentrante e grave o vazamento seletivo a setores da mídia de procedimentos sigilosos. Verifica-se, ainda, a produção de atos ilegais e abusivos que, a rigor, são os mais atuais, concretos e recorrentes atentados ao Estado de Direito Brasileiro.

O momento de polarização política, de nível mundial, recentemente acentuada no Brasil, não pode contaminar nenhuma das instituições do Estado Democrático de Direito, muito menos malferir ou tirar liberdades individuais das pessoas físicas e empresariais.

A repartição e equilíbrio entre os poderes, em detrimento de atos absolutistas incontroláveis, por qualquer dos poderes, é a regra maior w vale para todos, inclusive o Judiciário.

A liberdade de reunião e manifestações, notadamente em ambientes privados e virtuais, a inviolabilidade da propriedade privada, da privacidade, do sigilo de comunicação e financeiro, tal qual o sufrágio universal, livre, em urna eletrônica, suscetível à fiscalização, recontagem e auditagem, são, igualmente, fundamentos da República Federativa do Brasil, ínsitos ao exercício dos direitos coletivos e individuais, da liberdade, da segurança, do bem-estar, do desenvolvimento e da justiça como valores supremos de uma sociedade fraterna, pluralista e sem preconceitos, fundada na harmonia social e comprometida, na ordem interna e internacional, com a solução pacífica das controvérsias.

Este momento de crise institucional propagada por ativismo inconstitucional, ilegal é antidemocrático, requer serenidade, atenção e providências urgentes para restabelecimento da ordem jurídica democrática, com destaque para medidas e manifestações firmes pela maioria dos integrantes do Judiciário, sob a liderança si Supremo Tribunal Federal e dos demais segmentos e funções essenciais à administração da justiça, representados pela Ordem dos Advogados do Brasil, Conselho Superior dos Ministérios Públicos, sem olvidar a participação da sociedade civil, da imprensa e dos organismos internacionais de defesa dos direitos humanos, restabelecendo a constitucionalidade de processos e procedimentos investigativos, com respeito ao mínimo existencial e de dignidade humana próprios á todo e qualquer investigado, salvo nos regimes de exceção.

Com efeito, tais decisões revelam um STF agindo como legislador, executivo e até fiscal da lei e condutor de investigação, atuações que vão de encontro e violam o princípio fundamental constitucional da repartição e harmonia dos poderes, do art. da Carta Magna, e o direito individual fundamentam à segurança jurídica, com as garantias de que ninguém é obrigado a fazer ou deixar de fazer nada, senão em virtude de lei, de que não há crime sem lei anterior que preveja, da intimidade e privacidade e do direito adquirido, contribuindo, desta forma e em larga medida, para desestabilizar as nossas instituições, a sociedade e a democracia.

Tudo isso ao auspício de teorias neoconstitucionalistas e pós-positivistas as quais, tais quais o marxismo e o institucionalismo de Carl Schimdt, jurista de Hittler, autorizam atos tiranos, advindos não só de ditadores, mas também do Judiciário e de poderes não constituídos, em detrimento de direitos naturais milenares e humanos, fundamentais, como liberdade, igualdade, propriedade, vida e segurança jurídica.

Neste sentido, o que para alguns poderia soar contraditório, é no positivismo jurídico que a especificação das normas em princípios e regras encontra um dos possíveis delineamentos aptos a solucionar a presente celeuma, consoante se pretende demonstrar enquanto uma necessária premissa deste teste. Para tanto, impõem-se, neste capítulo, investidas em torno de noções fundamentais a compreensão de qualquer tema jurídico, como é a questão dos princípios, tão usada para se decidir como quer, contra o que consta objetiva e claramente descrito na própria Constituição e a lei.

Neste passo, cumpre reiterar que não se sustenta a inexistência de sinergia entre outros valores sociais e direito, mas que se faz necessário a identificação das peculiaridades, institutos, métodos e objeto próprios, sendo essencial a exata compreensão de suas notas distintivas para que o conhecimento se realize cientificamente, possibilitando a obtenção de verdades e ou sujeição à falseabilidade, além de permitir que sua operacionalização, materialização, verdadeira concretização não se dê de forma imprecisa, instável e insuscetível de correção.

Como tratei em outras obras e artigos, para parte da doutrina, reside nos princípios jurídicos, conquanto "novos" elementos que compõem o sistema jurídico, a base das teses que sustentam a inaptidão do positivismo jurídico, enquanto teoria do direito, por não conferir e nem permitir a adequada compreensão de caráter diferenciado à norma jurídica, seja porque, para alguns, não se encontram num sistema jurídico, portanto, fechado, ou porquanto, para outros, estão impregnados de valores, o que, em tese, seria incompatível com a noção de sistema fechado e de norma pura propostos pelo positivismo jurídico.

Estas divagações não se sustentam, como já se expôs, seja porque a necessidade de se separar a norma de outros fatos humanos para efeito de melhor conhecer e operar o direito não é questão científica e não fática, que não se resolve com a mera classificação das normas (em regras e princípios), ou por causa da má compreensão do que é a inevitável relação dos valores e qualquer outros aspectos metajurídicos com o direito e seus elementos, da sua não interferência na formação, mutação e aplicação da norma jurídica dentro do seu sistema, pena de colapso configurado a partir da fulminação de sua finalidade última, a estabilidade das relações humanas, incluído dentro do sistema jurídico por normas, princípios e regras, que se resumem num direito fundamental ínsito a todos os estados democráticos de direito: a segurança jurídica

Consequentemente, vale ressaltar que, em rigor, a definição dos princípios e das regras é mais uma questão de critério, de método. É uma relevante questão, mas, frise-se, taxonômica, exigindo daquele que utiliza este instrumental especial atenção quanto ao pré-estabelecimento da forma de classificação e consequentes premissas que adota.

Ora, para evitar essa ambiguidade e entendendo a multimencionada classificação pertinente, racional e útil à ciência jurídica, bem como para a interpretação, concretização e aplicação do direito, parte-se, de logo, de um corte metodológico juspositivista, afastando como parte da teoria dos princípios, ou melhor, como possível propriedade dos princípios e das regras jurídicas tudo aquilo que não esteja inserido em determinado ordenamento jurídico – no caso, no ordenamento jurídico brasileiro.

Em sequência, estabelece-se nesta tese que ambas integram o mesmo gênero – no caso a norma jurídica. Diga-se: dotam-se de características comuns. São atos, verdadeiros plexos de ordenação de conduta humana, integrantes de um sistema concatenado, cuja formação válida deve seguir o processo pré-determinado pela norma base do sistema, conforme atribuição – ou autoridade – outorgada pelo próprio sistema, arraigadas, na sua essência, a imperatividade – ou prescritibilidade -, cujo cerne é a presença da sanção – consequência negativa pelo não cumprimento de seus comandos – e a coação – possibilidade de impor esta consequência, mesmo contra a vontade do seu destinatário, inclusive mediante o uso da força prevista, autorizada também pelo ordenamento em vigor.

Tratam-se, repisa-se, de classes do gênero norma jurídica. São os princípios jurídicos ínsitos a este ordenamento .

Neste sentido, aplica-se integralmente - tanto aos princípios quanto às regras - a lição kelseniana segundo a qual as normas "(...) não são juízos, isto é, enunciados sobre um objeto dado ao conhecimento. Elas são antes, de acordo com o seu sentido, mandamento, e como tais, comandos imperativos. Mas não são apenas comandos, pois também são permissões e atribuições de poder ou competência. "

Na esteia desta apologética, descortina-se o cerne da questão: as normas jurídicas, sejam princípios ou regras, não são meras instruções ou ensinamentos. Por isso, prescrevem, permitem, conferem e limitam poderes ou competências — não 'ensinam nada. E também por isso, os princípios são achados na Constituição, nas leis. Jamais nas ruas, na religião, na pressão da mídia ou em valores quaisquer não positivados. Igualmente, por serem abstratos e duvidosos, subjetivos, levando a excesso de poder, violação a legalidade e a direitos individuais, por mera vontade do titular do poder de interpretar e aplicar, os princípios nunca podem violar ou contraditar as regras, que são objetivas e claras.

O tema dos princípios jurídicos, notadamente sobre a ótica dos denominados "neoconstitucionalismo" e "pós-positivismo", marcos teóricos e filosóficos que, por carência de base metodológica, ontológica e epistemológica, se quer se sustentam enquanto teorias, mas dominam a cena - e moda - jurídica brasileira há décadas, causa grande prejuízo ao desenvolvimento econômico, social e a sustentabilidade do país, os quais são fundamentos da República Federativa do Brasil, enquanto estado democrático de direito, a teor dos artigos 1º a 4º da Constituição de 1988.

A Constituição determina como fundamentos de nossa democracia a separação e harmonia entre poderes, os direitos individuais e que todo o poder emana do povo, que o exerce por meio de representantes eleitos ou diretamente. Por isso, o Judiciário, que não é formado pelo povo ou seus representantes, apesar de dar a última palavra em conflitos, não pode legislar, participar de atividade política e invadir esfera de outros poderes. Contudo, o STF, instituição maior do Judiciário, a todo tempo faz questão de desrespeitar os fundamentos do Estado Democrático de Direito. Primeiro quando passou a legislar, criando até crimes não previstos em lei ou crimes por analogia, quando a própria Constituição determina , no art. 5, XXXIX que "não há crime sem lei anterior que o defina, nem pena sem prévia cominação legal".

Segundo, quando o STF faz campanha contra o voto auditável e pratica outras interferências políticas, em entrevistas e decisões, sendo que, recentemente, um Ministro chamou o presidente de Nazifascista e levantou sigilo de reunião daquele, protegida pela segurança nacional.

Terceiro, quando o STF determina a abertura de inquérito de ofício, medidas restritivas e investigativas e distribuição ou reabertura de procedimentos contra autoridades com foro especial, em detrimento de requerimento privativo do Ministério Público.

Além destas, são várias e diversas as violações democráticas e constitucionais pelo STF. Quanto a este último caso, por exemplo, Gilmar Mendes alertou para a gravidade, ao asseverar em recente decisão: "É absolutamente censurável a deflagração dos procedimentos de investigação contra autoridades detentoras de foro em evidente usurpação da competência da PGR e desta Corte.

Os episódios deflagrados nesse processo acendem ainda uma preocupação institucional da mais absoluta gravidade. Chama a atenção o fato de delegados de polícia poderem endereçar representações diretas aos Ministros do STF.

Isso porque, tal sistemática contrasta diretamente com aquela que vige no âmbito do Ministério Público Federal, em que o exercício das atribuições ministeriais perante esta Suprema Corte fica a cargo de uma unidade especializada, que é a Procuradoria-Geral da República."

Neste contexto, nossa democracia virou mero discurso. Mero pedaço de papel, a que sempre se referiu e alertou Lassale, entre os Séculos XIX e XX. É preciso reestabelecer a repartição e harmonia dos poderes, as atribuições do Ministério Público, as prerrogativas da advocacia e as liberdades e garantias individuais.

A cada dia o Judiciário assume o protagonismo político no país, seja na criação ou na execução de lei. Como já sustentamos em tese monográfica, muito disso se sustenta nas teorias pós-positivistas, neoconstistucionalistas e do ativismo judicial, expressões estas que, como também já anotamos alhures, configuram contradição em seus próprios termos.

Com efeito, tais decisões revelam um STF agindo como legislador, executivo e até fiscal da lei e condutor de investigação, atuações que vão de encontro e violam o princípio fundamental constitucional da repartição e harmonia dos poderes, do art. 1, e o direito individual fundamentam à segurança jurídica, com as garantias de que ninguém é obrigado a fazer ou deixar de fazer nada, senão em virtude de lei, de que não há crime sem lei anterior que preveja, da intimidade e privacidade e do direito adquirido, contribuindo, desta forma e em larga medida, para desestabilizar as nossas instituições, a sociedade e a democracia.

Dito isto, que reste mais evidenciado que Kelsen tinha razão, em detrimento dos teoremas mais moderninhos: Direito, política e moral não se confundem, apesar daquele, em larga medida, delimitar o exercício regular da política e quais os aspectos morais com reflexos jurídicos, como já escrevemos, com maior dedicação e profundidade, em artigos e livros, valendo de conhecimento dos mais respeitados juristas.Democracia, República, Repartição de Poderes e Soberania Popular em frangalhos!

Assim sendo, de rigor concluir que o problema do direito brasileiro não é da Constituição ou das leis, mas de quem descreve, interpreta e as aplica, notadamente usurpando competência, promovendo insegurança jurídica, desconhecendo e malversando o tripé da sustentabilidade, com violação a princípios fundamentais da República Federativa do Brasil, a direitos individuais e consequentes prejuízos ao interesse público. Enquanto isso perdurar, há pouco o que se comemorar nestes 33 anos de vigência da Constituição da República Federativa do Brasil de 1988.

Esse problema tem uma causa e base teórica, ideológica, midiática e de poder que lhe dá suporte: o ativismo judicial.

III. Soluções

Como sobredito, a Constituição determina como fundamentos de nossa democracia a separação e harmonia entre poderes, os direitos individuais e que todo o poder emana do povo, que o exerce por meio de representantes eleitos ou diretamente.

Por isso, o Judiciário, que não é formado pelo povo ou seus representantes, apesar de dar a última palavra em conflitos, não pode legislar, participar de atividade política e invadir esfera de outros poderes.

Contudo, o STF, instituição maior do Judiciário, a todo tempo faz questão de desrespeitar os fundamentos do Estado Democrático de Direito.

Primeiro quando passou a legislar, criando até crimes não previstos em lei ou crimes por analogia, quando a própria Constituição determina , no art. 5, XXXIX que "não há crime sem lei anterior que o defina, nem pena sem prévia cominação legal".

Segundo, quando o STF faz campanha contra o voto auditável e pratica outras interferências políticas, em entrevistas e decisões, sendo que, recentemente, um Ministro chamou o presidente de Nazifascista e levantou sigilo de reunião daquele, protegida pela segurança nacional.

Terceiro, quando o STF determina a abertura de inquérito de ofício, medidas restritivas e investigativas e distribuição ou reabertura de procedimentos contra autoridades com foro especial, em detrimento de requerimento privativo do Ministério Público. Além destas, são várias e diversas as violações democráticas e constitucionais pelo STF.

Acertam Burkle e Scruton, ao diagnosticarem que "Em particular, conservadores e liberais concordavam sobre a necessidade de governo limitado, instituições representativas e separação de poderes, além de acreditarem nos direitos básicos do cidadão, que deviam ser defendidos contra a administração de cima para baixo do Estado coletivista moderno." (Scruton, 2019).

"Esse ponto é obscurecido pelo fato de que hoje o termo "liberal" é usado de duas maneiras conflitantes: para denotar, de um lado, a política e a filosofia da liberdade individual como defendidas por Locke e seus seguidores e, do outro, as ideias e políticas "progressistas" que emergiram na esteira do socialismo moderno. (...) De todas essas maneiras, o conservadorismo moderno surgiu como defesa do indivíduo contra potenciais opressores e como endosso da soberania popular. Contudo, ele se opunha à visão de que a ordem política está fundada em um contrato, assim como à sugestão paralela de que o indivíduo goza de liberdade, soberania e direitos em um estado natural e pode se livrar do fardo do pertencimento social e político e recomeçar em uma condição de liberdade absoluta. Para o conservador, os seres humanos chegam ao mundo com várias obrigações e sujeitos a instituições e tradições que contêm em si uma preciosa herança de sabedoria, sem a qual o exercício da liberdade tem tanto a probabilidade de destruir os benefícios e direitos humanos quanto de melhorá-los." (Hayek).

Direito não é ideologia, como sempre sustentou Kelsen, cientista que baseia todas as minhas pesquisas e teorias, as quais evitariam males como o Nazismo. Quando o direito vira ideologia, é pior que qualquer ditadura, como ocorreu na Alemanha, onde Kelsen foi perseguido, teve familiares presos mortos, e teve que fugir.

Afirmou-se, tempos atrás, a inconstitucionalidade da prisão de Lula -baluarte da esquerda, pois que a Constituição veda a prisão para cumprimento de pena, antes do trânsito em julgado.

Mas ressaltou-se a necessidade de reforma processual, em artigo, que, tempos depois, veio se materializar em uma PEC que, preservando acessa garantia, torna os processos mais céleres. Como não poderia deixar de ser, sem misturar direito e ideologia, manifestei-me contra a prisão do Deputado Daniel silveira - considerado do baixo clero da direita, com base em diversos fundamentos (leia aqui).

Em ambos os casos, a manifestação científica se deu, a partir da teoria do direito, da descrição do objeto específico e ideologicamente neutro: o direito posto, a saber, a Constituição e as leis. Assombra, assusta, espanta mesmo, assistir a juristas, notadamente os autoproclamados "democráticos" e "garantistas", e outros, comemorando, fazendo chacota, com essa prisão e a vítima - que amanhã pode ser qualquer um de nós e nossas opiniões. Isso diz mais sobre quem comemora, do que sobre quem foi preso.

Tem "jurista garantista" que até aplaudiu, ou defendeu a liberdade, quando Lula chamou o STF de covarde, e quando o Senador Requião e o Deputado Wadih Damous conclamaram o fechamento do congresso, tal qual Daniel Silveira. Por essa ética incoerente, por essa ciência do direito contraditória e de opinião e por essa nova tese de flagrante e crime permanente, toda entrevista, escrita em aúdio e vídeo, vira justificativa para um eterno flagrante, sendo certo que, portanto, Lula, Requião e Damous merecem mesmo inconstitucional e antidemocrático destino de Daniel Silveira: a prisão, preventiva, sem denúncia e requerida por um juiz não natural, parcial por ser vítima.

E quando o ataque é contra a honra de outra instituição democrática e seu membro, como, por exemplo, a Presidência da República. Recentemente, o Deputado Paulo Pimenta (PT), utilizou de suas redes sociais para agredir o poder executivo na pessoa do presidente da República, afirmando que o presidente era "escroto, covarde, bandido miliciano", atingindo a honra e um dos Poderes da República. E os jornalistas, artistas e blogueiro que recentemente escreverem ou disseram, em caráter permanente, na internet, que desejam a morte do Presidente da República?

A prevalecer a lógica e a igualdade jurídica, merecerão o mesmo tratamento dado ao deputado federal Daniel Silveira (PSL), preso pelo Ministro Alexandre de Morais seguido pelo STF no julgamento das agressões perpetradas pelo congressista contra ministros da Suprema Corte, segundo entendimento dos "juristas garantistas" e do próprio Supremo Tribunal Federal, pois que as repetidas agressões contra o Presidente da República também é um grave ataque crime contra a honra e a segurança nacional.

A prevalecer essa inconstitucional, ilegal e antidemocrática tese, muitos congressistas, ex-congressistas, jornalistas, artistas e até "juristas garantistas" deverão ser presos, preventivamente, em flagrante permanente, com base no "inquérito do fim do mundo" ou das "fakes news", com violação ao juiz natural, ao devido processo, a liberdade, a razoabilidade, a proporcionalidade e a tipicidade, como ocorreu com o deputado Daniel Silveira que, de forma reprovável, ilícita e contra o decoro parlamentar, achincalhou e ofendeu a honra do STF e seus membros.

Lembrem-se da "banalidade do mal" de Hannah Arendt. Ética, coerência, coragem e, sobretudo, respeito à Constituição e às liberdades e garantias fundamentais, é dever de todos, até porque, não se pode olvidar que "um apaziguador é alguém que alimenta um crocodilo esperando ser o último a ser devorado." (Winston Churchill) Tempos sombrios, arbitrários.

E os responsáveis não são as tão injustamente atacadas Forças Armadas, nem mesmo o Poder Executivo. Se continuar assim, entre Lula a Daniel Silveira, passando por outros políticos, jornalistas e cidadãos em geral, centenas acabarão presos, nesta madrugada, como ocorreu hoje e ocorre em países vizinhos, do Caribe e orientais em que vige ditaduras.

Neste contexto, nossa democracia virou mero discurso. Mero pedaço de papel, a que sempre se referiu e alertou Lassale, entre os Séculos XIX e XX. É preciso reestabelecer a repartição e harmonia dos poderes, as atribuições do Ministério Público, as prerrogativas da advocacia e as liberdades e garantias individuais. Não há risco de golpe à democracia brasileira. Ela e a Constituição estão sendo, dia a dia, golpeadas. E justamente por quem deveria ser o último guardião: o STF. Tempos sombrios, diriam uns democratas e garantistas de ocasião, que andam dormindo.

O coletivismo e o progressismo hoje dominantes, com inspiração no socialismo e comunismo marxista, denegrem a essência da democracia, destoam as bases do estado de direito, negam as liberdades individuais, rompme a base milenar do contrato social e mitigam direitos individuais específicos que não podem ser removidos ou limitados, exceto por consentimento daqueles que os possuem: liberdade, propriedade, vida e integridade física (Locke, Hobbes, Aristoteles).

Por isso, estou certo ao, com os principais e fundamentais filósofos do mundo, desde a Grécia antiga, passando pelas revoluções, afirmar que o progressismo enfraquece o indivíduo e a sociedade. Todo governo, uma vez que envolve a limitação da liberdade dos governados e sua sujeição a um poder maior, deve ser fruto do consentimento para ser legítimo, e nenhum governo é legítimo de outra maneira, resume, com acerto, razão Scruton.

Sempre deve ter poderes de ação repartidos (Montesquieu e Locke), evitando as tendências despóticas inerentes à todas as formas de governo e de estado, ainda que em nome da ciência ou bem comum.

No Brasil de hoje, executivo e legislativo respeitam o contrato social, a repartição de poder e o consentimento do povo, em detrimento do despotismo presente em outros poderes e na classe intelectual e na mídia, sendo ele a última trincheira em defesa da liberdade, da vida, da propriedade e do verdadeiro e legítimo bem comum de nossa nação.

Não há salvação para uma vida feliz, digna e com paz soberania popular, se não dentro das raízes aristotélicas e dos pensamentos conservadores e liberais, a despeito de alguma divergência. Progressismo, sempre alinhado com o socialismo e o comunismo, bem como as contemporâneas formas de coletivismo, são o atraso e o mau, em nome do bem, são o despotismo e absolutismo, travestidos de democracia, resultando na tragédia dos minutos de ódio do cotidiano deste século (inspirados na obra de George Orwell), do extermínio da família e das religiões, da hipérbole do estado e insucessos perpetuados como os da Argentina, Venezuela, Cuba, Nicarágua, que avança por toda a América Latina, e contamina grande parte da Europa Ocidental e de estados Norte-Americanos, a exemplo da Califórnia.

Mas há soluções, que perpassam, notadamente, pelo povo, via congresso.

Sugiro ao menos duas Ambas são soluções formais e processuais. O Brasil precisa de reforma processual constitucional, urgente. Na matéria penal ou civil, nosso processo judicial é esquizofrênico. Admite uma série de recursos e incidentes. Centenas, em um único processo.

Nosso processo judicial é dos mais longos do mundo, gerando confronto com dois valores jurídicos constitucionais e da essência, da razão de ser do próprio direito: pacificação e estabilidade social; segurança jurídica.

Daí sugiro dois pontos de o que denomino "Reforma Constitucional Processual", no âmbito das competências do STF e STJ: 1. O STF seria corte estritamente constitucional, como a regra mundial. Isso significa o fim de sua função meramente recursal, extinguindo Recurso Extraordinário, dedicando-se às ações de controle concentrado de constitucionalidade; 2.

O STJ se transforma tribunal de uniformização de jurisprudência e revisor de flagrantes ilegalidades. Extingue o Recurso Especial e se cria as ações de uniformização e a revisional, respeitando, assim, as peculiaridades territoriais, culturais e federativas do país, sem comprometer a garantia constitucional da razoável duração do processo. Desta forma, o processo judicial - civil e penal - se torna mais célere, eficaz e seguro. Aumenta-se a qualidade das decisões e a relevância do STF e STJ. Economiza-se verba pública e recursos humanos. O STF passa a ser verdadeira corte constitucional e as demais matérias desconcentradas, em especial, no STJ, que merece ter ampliação de cargos de Ministros, para diferir poder, o que também surge como barreira ao ativismo.

A segunda refere-se a composição e forma de investidura no STF.

Atualmente, a Constituição Federal determina que para o Supremo Tribunal Federal compõe-se de onze Ministros, escolhidos dentre cidadãos com mais de trinta e cinco e menos de sessenta e cinco anos de idade, de notável saber jurídico e reputação ilibada, nomeados pelo Presidente da República, depois de aprovada a escolha pela maioria absoluta do Senado Federal.

Questiona-se, tal formação e forma de investidura vai ao encontro dos fundamentos do Estado Democrático de Direito constituído em 1988 e seus valores dos arts. 1 a 5 da Constituição, a saber, separação, independência dos Poderes e soberania popular? Parece que não, precisando ser revisto.

Com efeito, a forma atual coloca a mais alta corte ao talante do poder político de plantão, sem equilíbrio entre maioria e minoria da vontade do povo e as instituições que representam seus interesses, bem como as que são essenciais a administração da justiça: Ministério Público, juízes, advogados e defensoria pública.

Propõe-se, nestes termos, que o Presidente nomeie e o senado aprove, desde que um quinto dos indicados para a mais alta corte do país seja decorrente de lista tríplice da OAB formada por advogados, outro oriundo de lista de integrantes do Ministério Público, outro de lista formada pelo Congresso Nacional, outra pelo Poder Judiciário e, por fim, os demais indicados pelo Poder Executivo, livremente.

Assim, a formação do STF será do povo e para o povo, a partir de sua legitima representação, dos poderes outorgados e exercidos de modo verdadeiramente harmônicos, equilibrados e independentes, como determina a Carta Magna.

Se não for essa sugerida, o importante é que a mudança da forma de composição e investidura do STF seja objeto de discussão, debate e decisão pela nossa sociedade, diretamente ou através de seus representantes eleitos, e parte da pauta de uma verdadeira e séria reforma política e institucional do nosso país.

Há uma outra solução, a qual já está posta, mas não é aplicada: a responsabilização criminal. Refere-se aqui ao dever do Senado de processar e apurar crimes de responsabilidade praticados por Ministros do STF, no exercício da função, bem como a incidência da lei de abuso de autoridade, a ser denunciada e processada na esfera judicial competente.

Esta ou outras soluções, dentro da ordem constitucional posta, se impõem ao ativismo judicial inconstitucional e antidemocrático vigentes.

Estado de direito e Democracia não é a mera vontade da maioria, mas o império da lei, indistintamente, para todos. A Constituição - tantas vezes maltratada e violada, até pelo STF - suas garantias e direitos fundamentais, sobretudo a segurança jurídica, protegem o povo dele mesmo, dos líderes populistas, da opinião pública e de seus clamores. O Nazismo, o Fascismo, o Socialismo e o Comunismo que o digam!

REFERÊNCIAS

ALCHOURRÓN, Carlos y BULYGIN, Eugenio. Sobre la existencia de las normas

ALEXY, Robert. Conceito e validade do direito. São Paulo: Editora WMF Martins Fontes, 2009.

________. Teoría de los derechos fundamentales. Madri: Centro de Estúdios Políticos y Constitucionales, 2001.

ALVES, Alaôr Caffé. Lógica – Pensamento formal e argumentação – Elementos para o discurso jurídico. Bauru: Edipro, 2000.

ALVIM, Agostinho. Estudos e Pareceres de Direito Tributário, vol. 2/15. São Paulo: Ed. RT, 1978.

AMARAL, Antônio Carlos Cintra do. Validade e Invalidade do Ato Administrativo. Revista Diálogo Jurídico, Salvador, CAJ - Centro de Atualização Jurídica, v. I, nº. 8, novembro, 2001. Disponível em: <http://www.direitopublico.com.br/pdf_8/DIALOGO-JURIDICO-08-NOVEMBRO-2001-ANTONIO-CARLOS-CINTRA-AMARAL.pdf>. Acesso em: 10 de março de 2013.

ARISTÓTELES. Política, Livro 1. Coleção os Pensadores. São Paulo: Nova Cultural, 2004.

ATALIBA, Geraldo. Hipótese de incidência tributária. São Paulo: Malheiros, 2005.

ATALIBA, Geraldo. República e Constituição. São Paulo: Malheiros, 1998.

ÁVILA, Humberto. Teoria dos princípios. São Paulo: Malheiros, 2009.

________. Teoria dos princípios. São Paulo: Malheiros, 2006.

BARROSO, Luís Roberto Barroso. Fundamentos teóricos e filosóficos do novo direito constitucional brasileiro: pós-modernidade, teoria crítica e pós-positivismo. In: _____. (Org.). A nova interpretação constitucional: ponderação, direitos fundamentais e relações privadas. Rio de Janeiro/ São Paulo: Renovar, 2003.

BASTOS, Celso Ribeiro. Curso de Direito Constitucional. São Paulo: Celso Ribeiro Bastos, 2002.

________. Curso de Teoria do Estado e Ciência Política. São Paulo: Celso Bastos, 2002.

________. Hermenêutica e Interpretação Constitucional. São Paulo: Celso Ribeiro Bastos, 2002.

BATALHA, Wilson de Souza Campos. Introdução ao Estudo do Direito - Os fundamentos e a visão histórica. Rio de Janeiro: Forense, 1986,

BECKER, Alfredo Augusto. Teoria Geral do Direito Tributário. São Paulo: Editora Noeses, 2007.

BERTALANFFY, Ludwig Von. Teoria geral dos sistemas. Petrópolis: Vozes. 1973.

BITTAR, Eduardo C. B. O direito na pós-modernidade e reflexões frankfurtianas. Rio de Janeiro: Forense Universitária, 2009.

BOBBIO, Norberto.O positivismo jurídico. Lições de filosofia do direito. São Paulo: Ícone, 1995.

________. Teoria geral do direito. São Paulo: Martins Fontes, 2008.

BONAVIDES, Paulo. Ciência Política. Malheiros Editores. 2007.

_________. Curso de Direito Constitucional. São Paulo: Malheiros, 2006.

BRITTO, Carlos Ayres. As cláusulas pétreas e sua função de revelar e garantir a identidade da constituição. In ROCHA, Cármen Lúcia Antunes. (coord.) Perspectivas do direito público: estudos em homenagem a Miguel Seabra Fagundes. Belo Horizonte: Del Rey, 1995.

_________. Os sentidos do vocábulo "Poder" na Constituição Brasileira. Revista de Direito Público, v. 61, p. 60-64, 1982.

_________. Teoria da Constituição. Rio de Janeiro: Ed. Forense, 2003.

CAMMAROSANO, Márcio; HUMBERT, Georges Louis Hage. Direito Público, estudos e pareceres. Belo Horizonte: Fórum, 2011.

CAMMAROSANO, Márcio. O Princípio Constitucional da Moralidade e o Exercício da Função Pública. Belo Horizonte: Fórum, 2006.

_________. Provimento de Cargos Públicos no Direito Brasileiro. São Paulo: RT, 1984.

CANOTILHO, J.J. Gomes e MOREIRA, Vital. Fundamentos da Constituição. Coimbra: Almedina, 1991.

CANOTILHO, José Joaquim Gomes. Constituição dirigente e vinculação do legislador: contributo para a compreensão das normas constitucionais programáticas. Coimbra: Coimbra, 1994.

_________. Direito Constitucional e Teoria da Constituição. Coimbra: Livraria Almedina, 1993.

_________. Direito Constitucional e Teoria da Constituição. Coimbra: Livraria Almedina, 1996.

_________. Direito Constitucional e Teoria da Constituição. Coimbra: Almedina, 2003.

_________. Estudos sobre Direitos Fundamentais. Coimbra: Coimbra Editora, 2004.

CAPELLA, Juan Ramon. El Derecho como Lenguaje. Barcelona: Ariel, 1968.

CARRAZZA, Antonio Roque. Curso de direito tributário. São Paulo: Malheiros, 1997.

CARRIÓ, Genaro. Nota preliminar. In HOHFELD, W. N. Conceptos jurídicos fundamentales. Buenos Aires: Centro Editor de América Latina, 1968.

_________. Notas sobre Derecho y Lengaje. Buenos Aires: Abeledo-Perrot, 1965.

_________. Principios Jurídicos y Positivismo Jurídico. Buenos Aires: Abeledo-Perrot, 1970.

CARVALHO, Paulo de Barros. Curso de direito tributário. São Paulo: Saraiva, 2004.

_________. Direito Tributário - Linguagem e Método. São Paulo: Noeses, 2008.

CHAUÍ, Marilena. Convite à Filosofia. São Paulo: Ática, 2000.

COELHO, Luiz Fernando. Teoria crítica do direito. Belo Horizonte: Del Rey, 2003.

COSSIO, Carlos. Teoría egológica del derecho y el concepto jurídico de libertad. Buenos Aires: Abeledo-Perrot, 1964.

CUNHA, Sérgio Sérvulo da. Princípios constitucionais. São Paulo. Saraiva. 2006.

DALLARI, Dalmo de Abreu. Elementos de Teoria Geral do Estado. São Paulo: Saraiva, 2011

________. Elementos de teoria geral do estado. São Paulo: Saraiva, 1999.

DELGADO, Maurício Godinho. Introdução ao direito do trabalho. São Paulo: LTR, 2001.

DESCARTES, René. Discurso do método. Porto Alegre: L&PM, 2010.

DIMOULIS, Dimitri. Manual de Introdução ao Estudo do Direito. São Paulo: Revista dos Tribunais, 2007.

________. Positivismo jurídico: introdução a uma teoria do direito e defesa do pragmatismo jurídico-político. São Paulo: Método, 2006.

DINIZ, Maria Helena. A ciência do direito. São Paulo: Saraiva, 2003.

________. Conceito de norma jurídica como um problema de essência. São Paulo: Saraiva, 2006.

________. Compêndio de Introdução a Ciência do Direito. São Paulo: Saraiva, 2005.

________. Compêndio de Introdução a Ciência do Direito. São Paulo: Saraiva, 1991.

DWORKIN, Ronald. Levando os direitos a sério. Trad. Nelson Boeira. São Paulo: Martins Fontes, 2002.

________. Uma questão de princípio. São Paulo: Martins Fontes, 2000.

EHRLICH, Eugen. Fundamentos da sociologia do direito. Brasília: Universidade de Brasília, 1986.

ESPÍNDOLA, Ruy Samuel. Conceito de princípios constitucionais: Elementos teóricos para uma formulação dogmática constitucionalmente adequada. São Paulo: Revista dos Tribunais, 1998.

ESSER, Josef. Principio y norma en la elaboración jurisprudencial del derecho privado. Barcelona: Bosch, 1961.

FERRAZ JUNIOR, Tercio Sampaio, DINIZ, Maria Helena, GEORGAKILAS, Ritinha Alzira Stevenson. Constituição de 1988: legitimidade, vigência e eficácia, supremacia. São Paulo: Atlas, 1989.

FERRAZ JÚNIOR. Tércio Sampaio. A Ciência do Direito. São Paulo: Atlas, 1977.

_________. Introdução ao Estudo do Direito: Técnica, Decisão, Dominação. São Paulo: Atlas, 1994.

_________. Introdução ao Estudo do Direito: Técnica, Decisão, Dominação. São Paulo: Atlas, 2000.

_________. Introdução ao Estudo do Direito: Técnica, Decisão, Dominação. São Paulo: Atlas, 2003.

_________. Por que ler Kelsen, hoje. In O Estado de São Paulo, 01.11.1981.

_________. Teoria da Norma Jurídica. Rio de Janeiro, Forense, 1999.

FERREIRA FILHO. Manuel Gonçalves. Sete vezes democracia. São Paulo: Convívio, 1977.

GOMES, Orlando. Introdução ao Direito Civil. Rio de Janeiro: Forense, 1995.

Grande Dicionário Larousse Cultural da Língua Portuguesa. São Paulo: Nova Cultural, 1999.

GRAU, Eros Roberto. A Ordem Econômica na Constituição de 1988. São Paulo. Malheiros, 2005.

________. Direito, Conceitos e Normas Jurídicas. São Paulo: Revista dos Tribunais, 1988.

________. Ensaio e Discurso sobre a Interpretação/Aplicação do Direito. São Paulo. Revista dos Tribunais, 2005.

________. O Direito posto e o Direito Pressuposto. São Paulo: Malheiros, 2005.

________. Licitação e Contrato Administrativo - estudos sobre a interpretação da Lei 8666/93. São Paulo, Malheiros, 1995.

GREIMAS, Algirdas Julien. Semiótica e Ciências Sociais. São Paulo: Cultrix, 1981, p. 76

GUASTINI, Riccardo. Das fontes às normas. São Paulo: Quartier Latin, 2005.

GUERRA FILHO, Willis Santiago. Processo constitucional e direitos fundamentais. São Paulo: Celso Bastos, 1999.

GUIMARÃES, Ylves José de Miranda. Direito Natural - Visão Metafísica e Antropológica. São Paulo/Rio de Janeiro: Forense Universitária, 1991.

GUSMÃO. Paulo Dourado. Filosofia do Direito. Rio de Janeiro: Forense, 1985.

HÄBERLE, Peter. Hermenêutica Constitucional. A Sociedade Aberta dos Intérpretes da Constituição: Contribuição para a Interpretação Pluralista e "Procedimental" da Constituição. Porto Alegre: Sérgio Antonio Fabris Editor, 1997.

________. La Garantía del Contenido Esencial de los Derechos Fundamentales. Madrid: Dykinson, 2003.

HART, Herbert L. A. O conceito de direito. Lisboa: Fundação Calouste Gulbenkian, 2001.

HESSE, Konrad. A Força Normativa da Constituição. Porto Alegre: Sérgio Antônio Fabris Editor, 1991.

HESPANHA, Benedito. Direito processual e a Constituição: a relevância hermenêutica dos princípios constitucionais do processo. In: Revista de Direito Constitucional e Internacional, nº 48. São Paulo: Revista dos Tribunais, 2004.

HESSEN, Johannes. Teoria do Conhecimento. Coimbra: Armenio Amado Editor, 1980.

HOSPERS, John. Introducción al Análisis Filosófico, Tomo I. Buenos Aires: Abeledo Perrot, 1966.

POPPER, Karl. A lógica da pesquisa científica. São Paulo: Cultrix, 2007.

KELSEN, Hans. Teoria do Direito e do Estado. São Paulo: Martins Fontes, 1995.

__________. Teoria pura do direito. São Paulo: Martins Fontes, 2006.

KIRCHMANN, Julio Germán von. El carácter a-cientifico de la llamada ciencia del derecho. In: La Ciencia del derecho, Savigny, Kirchmann, Zitelmann, Kantorowicz, Buenos Aires, Losada, 1949.

LUHMANN, Niklas. Introdução à Teoria dos Sistemas. Rio de Janeiro: Vozes, 2009.

MACHADO NETO, A. L. Compêndio de Introdução à Ciência do Direito. São Paulo: Saraiva, 1988.

MARTINS, Ricardo Marcondes. Efeitos dos Vícios do Ato Administrativo. São Paulo: Malheiros, 2008.

MAYNEZ, Eduardo García. Importancia de la teoría jurídica pura. Ciudad de México: Distribuciones fontamara, 1999.

MELLO, Celso Antônio Bandeira de. Ato administrativo e direito dos administrados. Editora Revista dos Tribunais, 1981.

_________. Conteúdo Jurídico do Princípio da Igualdade.São Paulo: Malheiros, 2005.

_________. Curso de Direito Administrativo. São Paulo. Malheiros, 2011.

_________. Curso de Direito Administrativo. São Paulo. Malheiros, 2005.

_________. Discricionariedade e Controle Jurisdicional. São Paulo: Malheiros, 2003.

_________. Natureza e Regime Jurídico das Autarquias. São Paulo: RT, 1968.

MIRANDA, Jorge. Manual de Direito Constitucional. Coimbra: Coimbra Editora, 1983.

____________. Teoria do Estado e da Constituição. Rio de Janeiro: Forense, 2005.

MIAILLE, Michel. Introdução crítica do direito. Lisboa: Editorial Estampa, 1989.

MODUGNO, Franco. Enciclopédia Del Diritto, XVIII. Milano: Giuffrè, 1973.

MÜLLER, Friedrich. Métodos de Trabalho do Direito Constitucional. Rio de Janeiro: Renovar, 2005.

_________. Teoria Estruturante do Direito. São Paulo: Editora Revista dos Tribunais, 2009.

OLIVEIRA, Fábio Corrêa Souza de. Por uma teoria dos princípios – o princípio constitucional da razoabilidade. Rio de Janeiro: Lumen Juris, 2003.

PASSOS, José Joaquim Calmon de. Revistando o direito, o poder, a justiça e o processo – reflexões de um jurista que trafega na contramão. Salvador: Juspodivm, 2012.

PIRES, Luis Manoel Fonseca e MARTINS, Ricardo Marcondes. Um diálogo sobre a justiça: a justiça arquetípica e a justiça deôntica. Belo Horizonte: Fórum, 2012

PIRES, Luis Manuel Fonseca. Controle Judicial da Discricionariedade Administrativa. Dos Conceitos Jurídicos Indeterminados às Políticas Públicas. São Paulo: Editora Campus Jurídico/ Elsevier, 2008.

PONTES DE MIRANDA, Francisco Cavalcante. Tratado de Direito Privado – Tomo I. São Paulo: Bookseller, 1999.

_________. Tratado de Direito Privado - Tomo XI. Campinas: Bookseller, 2001.

_________. Tratado de Direito Privado, vol. 1. Rio de Janeiro: Borsói, 1970.

_________. Tratado de Direito Privado, vol. 22. Rio de Janeiro: Borsói, 1958.

PORTANOVA, Rui. Princípios do processo civil. Porto Alegre: Livraria do Advogado, 1999.

RAO, Vicente. Direito e a Vida dos Direitos. São Paulo: RT, 1991.

RAZ, Joseph. O conceito de sistema jurídico: uma introdução à teoria dos sistemas jurídicos. São Paulo: Editora WMF Martins Fontes, 2012.

REALE, Miguel. Filosofia do Direito. São Paulo: Saraiva, 2000.

_________. Lições preliminares de direito. São Paulo: Saraiva, 2005.

_________. Teoria tridimensional do direito. São Paulo: Saraiva, 2000.

ROCHA, Cármen Lúcia Antunes. O Direito Constitucional à Jurisdição. In As Garantias do Cidadão na Justiça, Sálvio de Figueiredo Teixeira (coord.). São Paulo: Saraiva, 1993.

_________. O princípio constitucional da função social da propriedade. In: BACELLAR FILHO, Romeu Felipe; MOTTA, Paulo Roberto Ferreira; CASTRO, Rodrigo Pironti Aguirre de (Coord.). Direito administrativo contemporâneo: estudos em memória ao professor Manoel de Oliveira Franco Sobrinho. Belo Horizonte: Fórum, 2004. p. 55-104.

ROSS, Alf. Direito e justiça. São Paulo: Edipro, 2003.

SANTIAGO NINO, Carlos. Ética y derechos humanos: un ensayo de fundamentación. Buenos Aires: Astrea, 1989.

SARMENTO, Daniel. Direitos Fundamentais e Relações Privadas. Rio de Janeiro, Lúmen Júris, 2004.

SILVA, José Afonso da. Silva. Aplicabilidade Das Normas Constitucionais. São Paulo: Malheiros, 2007.

_________. Comentário Contextual à Constituição. São Paulo: Malheiros, 2007.

_________. Curso de Direito Constitucional Positivo. São Paulo. Malheiros, 2005.

_________. Direito ambiental constitucional. São Paulo. Malheiros, 2003.

_________. Direito Constitucional Positivo. São Paulo. Malheiros, 1998.

_________. Direito Urbanístico Brasileiro. São Paulo. Malheiros, 2006.

SILVA, de Plácido e. Vocabulário jurídico. v. IV. São Paulo: Forense, 1975

________. Vocabulário jurídico V. III. Rio de Janeiro: Forense, 1987.

SILVA, Virgílio Afonso da. A constitucionalização do Direito: os direitos fundamentais nas relações entre particulares. São Paulo: Malheiros, 2005.

STRECK, Lenio Luiz; MORAIS, José Luis Bolzan de. Ciência política & teoria do estado. Porto Alegre: Livraria do Advogado, 2006.

STRECK, Lenio Luiz. Hermenêutica Jurídica e(m) Crise. Porto Alegre: Livraria do Advogado, 2011.

________. Jurisdição Constitucional e Hermenêutica. Porto Alegre: Livraria do Advogado, 2004.

________. O que é isto - decido conforme minha consciência? Porto Alegre: Livraria do Advogado, 2010.

________. Verdade e Consenso. São Paulo: Saraiva, 2011.

TAVARES. André Ramos. Elementos para uma Teoria Geral dos Princípios na perspectiva constitucional. In: LEITE, George Salomão (org.). Dos princípios constitucionais: Considerações em torno das normas principiológicas da Constituição. São Paulo: Malheiros, 2003, p. 21-51.

TOMÁS DE AQUINO. As virtudes cardeais (ST, Ia IIae, q. 61). In: TOMÁS DE AQUINO. Suma Teológica. São Paulo: Loyola, 2005. v. IV, p. 160-172.

TOURINHO, Arx da Costa. Temas de direito. Florianópolis: OAB/SC, 2006.

WARAT, Luís Alberto e PÊPE, Albano Marcos Bastos. Filosofia do direito: uma introdução crítica. São Paulo: Moderna, 1996.

WARAT, Luis Alberto e MARTINO, Antônio Anselmo. Lenguaje y Definición Jurídica. Buenos Aires: Cooperadora de Derecho y Ciencias Sociales, 1973.

WARAT, Luís Alberto. A pureza do poder: uma análise crítica da teoria jurídica. Florianópolis: UFSC, 1983.

VILANOVA, Lourival. As estruturas lógicas e o sistema de direito positivo. São Paulo: Noeses, 2005.

________. Causalidade e relação no direito. São Paulo: RT, 2000.

________. Escritos jurídicos e filosóficos. São Paulo: Axis Mundi, 2003. v1 e v2.

VIEHWEG, Theodor. Tópica e jurisprudência. Brasília: Editora Universidade de Brasília, 1979.

ZAGREBELSKY, Gustavo. El Derecho Dúctil. Ley, Derechos y Justicia. Madrid: Trotta, 1995.

Impressão e acabamento
psi7 psi7.com.br | book7 book7.com.br